Daten demokratisieren

Ein Leitfaden zur Stärkung Ihrer Organisation

Geschrieben von Alex Brogane
Herausgegeben vom Cornell-David Publishing House

Index

1. Einführung in die Datendemokratisierung

1.1 Das Konzept der Datendemokratisierung verstehen

1.1.1 Vorteile der Datendemokratisierung

1.1.2 Herausforderungen für die Datendemokratisierung

1.1.3 Herausforderungen meistern

1.1 Datendemokratisierung verstehen

1.1.1 Die Notwendigkeit einer Datendemokratisierung

1.1.2 Das Wesen der Datendemokratisierung

1.1.3 Die potenziellen Hürden bei der Datendemokratisierung

1.1.4 Die Zukunft der Datendemokratisierung

Demokratisierung von Daten: Ein grundlegender Wandel hin zur Datenermächtigung

Datendemokratisierung verstehen

Die Notwendigkeit einer Datendemokratisierung

Stärkung von Organisationen durch Datendemokratisierung

Herausforderungen meistern und Datendemokratisierung umsetzen

1.1 Das Konzept der Datendemokratisierung verstehen

1.2 Die Bedeutung der Datendemokratisierung

1.3 Umsetzung der Datendemokratisierung in Ihrer Organisation

1.1 Datendemokratisierung verstehen

1.1.1 Vorteile der Datendemokratisierung

1.1.2 Herausforderungen der Datendemokratisierung

2. Daten entschlüsseln: Was sie sind und welche Bedeutung sie haben

2.1 Die grundlegende Wissenschaft hinter Daten

2.1.1 Die Bedeutung von Daten in einem Geschäftsumfeld

2.1.2 Herausforderungen bei der Entschlüsselung von Daten

2.1.3 Neue Trends bei der Datenentschlüsselung

Die Grundlagen verstehen: Datengrundlagen

Die verschiedenen Arten von Daten

Warum sind Daten wichtig?

Daten verstehen

2.1 Verstehen, was Daten sind

2.1.1 Die Bedeutung von Daten

2.1.2 Wie passt die Datendemokratisierung zusammen?

2.1 Die Zusammensetzung von Daten verstehen

2.1.1 Datentypen

2.1.2 Strukturierte vs. unstrukturierte Daten

2.1.3 Rolle von Daten bei der Entscheidungsfindung

2.1.4 Daten in Informationen und Wissen umwandeln

2.1 Big Data verstehen: Der Treibstoff des Informationszeitalters

2.1.1 Was ist Big Data?

2.1.2 Die Bedeutung von Big Data

2.1.3 Demokratisierung von Big Data

3. Die Entwicklung der Datendemokratisierung im digitalen Zeitalter

Die kognitive Revolution: Wie Big Data und KI den Datenzugriff demokratisieren

Big Data: Maßstab und Umfang der Datenzugänglichkeit neu definieren

Künstliche Intelligenz: Das Unverständliche verstehen

Der Zusammenfluss von Big Data und KI

Schlussbemerkung: Herausforderungen und ethische Überlegungen

3.1 Datendemokratisierung verstehen

3.1.1 Der Wandel von der Datenmonarchie zur Datendemokratie

3.1.2 Aufstieg von Big Data und Analytics

3.1.3 Entwicklung von Datenvisualisierungstools

3.1.4 Rolle von Cloud Computing

3.1.5 Die Auswirkungen von Datenschutzbestimmungen

3.2 Die Zukunft der Datendemokratisierung

3.1 Datendemokratisierung verstehen

3.1.1 Entwicklung der Datendemokratisierung

3.1.2 Die Auswirkungen der Datendemokratisierung

3.1.3 Herausforderungen bei der Datendemokratisierung

3.1 Die Wurzeln und das Wachstum der Datendemokratisierung verstehen

3.1.1 Der Aufstieg des Internets

3.1.2 Auswirkungen der Technologie

3.1.3 Entstehung von Big Data

3.1.4 Das gegenwärtige Szenario

3.1 Der Beginn des digitalen Informationszeitalters

3.1.1 Digitalisierung

3.1.2 Verstellung

3.1.3 Demokratisierung

4. Förderung einer datengesteuerten Organisationskultur

4.1 Betonung der Bedeutung der Datenkompetenz

4.1 Daten und ihre Bedeutung verstehen

4.2 Übergang zu einer datengesteuerten Denkweise

4.3 Datenkompetenz: Aufklärung und Befähigung

4.4 Daten in die Entscheidungsfindung einbeziehen

4.5 Transparenz und Vertrauen aufbauen

4.6 Förderung des kollaborativen Ansatzes

4.7 Kontinuierliche Bewertung und Verbesserung

Unterabschnitt: 4.1 Schaffung einer Umgebung für datengesteuerte Entscheidungen

4.1.1 Transparenz und Offenheit fördern

4.1.2 Datenkompetenz fördern

4.1.3 Etablieren Sie eine klare Datenverwaltung

4.1.4 Fördern Sie die datengesteuerte Entscheidungsfindung

4.1.5 Die Nutzung von Daten anerkennen und belohnen

4.1.6 Fördern Sie eine Test- und Lernmentalität

4.1.7 Seien Sie geduldig und beharrlich

4.1 Den Wert von Daten verstehen

4.1.1 Rolle der Führung bei der Förderung der Wertschätzung von Daten

4.1.2 Sicherstellung der Zugänglichkeit von Daten

4.1.3 Datenkompetenz entwickeln

4.1.4 Förderung einer datengesteuerten Denkweise

4.1 Bedeutung der Datenkompetenz

4.1.1 Aufbau einer datenkompetenten Belegschaft

4.1.2 Führung und Datenkompetenz

4.1.3 Datenverwaltung

4.1.4 Weiterentwicklung der Datenkompetenz mit der Organisation

5. Grundsätze zur Datendemokratisierung

5.1 Eine Kultur der Transparenz fördern

Datentransparenz verstehen

Die Bedeutung der Datentransparenz

Schritte zur Datentransparenz

5.1 Die Natur der Datendemokratie verstehen

5.1.1 Gewährleistung der Datengenauigkeit und -transparenz

5.1.2 Förderung einer Datenkultur

5.1.3 Förderung der Datenkompetenz

5.1.4 Implementierung der richtigen Tools und Technologie

5.1.5 Priorisierung der Datensicherheit

5.1.6 Einhaltung ethischer Standards

5.5 Einen Bottom-Up-Ansatz anwenden

Den Bottom-Up-Ansatz verstehen

Vorteile eines Bottom-Up-Ansatzes

Implementierung eines Bottom-Up-Ansatzes

5.1 Förderung der Transparenz in Ihrer Organisation

Transparenz messen und wahren

Vorteile der Förderung von Transparenz

5.1 Demokratisierung beginnt mit der Datenkultur

Warum ist Datenkultur wichtig?

Wie kann eine starke Datenkultur gefördert werden?

6. Bedeutende Herausforderungen bei der Datendemokratisierung

6.1 Komplexität verstehen und Datensilos überwinden

6.1 Navigieren im Dickicht der Datenschutz- und Sicherheitsregeln

6.1 Überwindung von Datensilos

6.2 Umgang mit Datenqualität

6.3 Rechtliche und ethische Überlegungen berücksichtigen

6.1 Überwindung von Datensilos und Fragmentierung

6.1.1 Auswirkungen von Datensilos

6.1.2 Datensilos auflösen

6.1.3 Die Rolle der Datenverwaltung

6.1 Datenqualitätsmanagement

6.2 Sicherheits- und Datenschutzbedenken

6.3 Datenkompetenz

6.4 Infrastruktur und Tools

6.5 Silo-Mentalität überwinden

7. Data Governance: Ein Schlüssel zur Demokratisierung von Daten

7.1 Die Notwendigkeit einer Datenverwaltung verstehen

7.1.1 Schritte zur Implementierung von Data Governance

7.1 Die Kernelemente der Datenverwaltung verstehen

7.1.1 Datenqualität

7.1.2 Datensicherheit

7.1.3 Datenschutz und Compliance

7.1.4 Datenzugänglichkeit

7.1.5 Datenverwaltung

7.2 Implementierung eines Data Governance Frameworks

7.2.1 Definieren Sie klare Ziele

7.2.2 Rollen und Verantwortlichkeiten festlegen

7.2.3 Governance-Richtlinien und -Verfahren festlegen

7.2.4 Bauen Sie ein Data Governance-Team auf

7.2.5 Überwachen, messen und verfeinern

7.2 Aufbau eines Data-Governance-Frameworks: Ein Tool zur Stärkung

Warum ist ein Data Governance Framework wichtig?

Schritte zum Aufbau eines Data Governance Frameworks

7.1 Die Notwendigkeit der Implementierung von Data Governance

7.1 Die Rolle der Datenverwaltung verstehen

Datenverwaltung und Datendemokratisierung

Schlüsselkomponenten der Data Governance

Implementierung von Data Governance in Ihrem Unternehmen

8. Technologieinfrastruktur hinter der Datendemokratisierung

8.1 Verständnis der Rolle der Technologieinfrastruktur bei der Datendemokratisierung

8.1.1 Datenmanagementsysteme

8.1.2 Datenintegrationstools

8.1.3 Business Intelligence- und Analysetools

8.1.4 Data-Governance-Tools

8.1.5 Cloud Computing und Speicherung

8.1 Das technologische Rückgrat der Datendemokratisierung verstehen

8.1.1 Datenerfassungsinfrastruktur

8.1.2 Data Warehousing und Data Lakes

8.1.3 Tools zur Datenverarbeitung und -aufbereitung

8.1.4 Datenbankverwaltungssysteme

8.1.5 Datenanalyse- und Visualisierungstools

8.1.6 Sicherheits- und Zugriffskontrolltools

8.1.7 Data Governance Frameworks

8.1 Die Rolle von Cloud Computing bei der Datendemokratisierung verstehen

8.1 Die Bedeutung einer robusten und skalierbaren Technologieinfrastruktur verstehen

8.1.1 Data Warehousing und Datenbankmanagement

8.1.2 Data-Governance-Tools und Sicherheitsmaßnahmen

8.1.3 ETL-Prozesse (Extrahieren, Transformieren, Laden).

8.1.4 Datenanalyse- und Business-Intelligence-Tools

8.1.5 Datenvisualisierungssoftware

8.1.6 API und Dienste für Datenzugänglichkeit

8.1.7 Cloudbasierte Setups für Skalierbarkeit und Zugänglichkeit

8.1 Aufbau einer robusten Dateninfrastruktur

9. Fallstudien: Erfolgsgeschichten der Datendemokratisierung

Fall 9: Nutzung der Datendemokratisierung bei Verizon Communication Inc.

Fallstudie 1: Procter & Gamble (P&G)

Demokratisierung in Aktion: Die Business Sphere Initiative

Ergebnis

Abschluss

Fallstudie 1: Airbnb – Nutzung der Datendemokratisierung für strategische Entscheidungsfindung

Fallstudie 2: Spotify – Demokratisierung von Daten zur Verbesserung der Benutzererfahrung

Fallstudie 3: Zillow – Demokratisierung von Daten für Transparenz und Vertrauen

Fallstudie 1: Netflix – Demokratisierung von Daten in der Unterhaltungsbranche

Datensilos aufbrechen

Datengesteuerte Entscheidungsfindung

Mitarbeiter stärken

Implementierung einer effektiven Datenverwaltung

Das Ergebnis

Reddit: Datendemokratisierung für Wachstum nutzen

Erhöhte Datenkompetenz

Verbesserte Zusammenarbeit

Innovation und Wachstum

10. Die Zukunft der Datendemokratisierung: Trends und Prognosen.

Trend 1: Zunehmender Einsatz von maschinellem Lernen und

künstlicher Intelligenz
Trend 2: Verbesserte Datenkompetenz
Trend 3: Ausbau von Self-Service-Business-Intelligence-Tools
Trend 4: Stärkere Datenverwaltung
Trend 5: Cloudbasierte Datendemokratisierung
Abschluss
10.1 Datendemokratisierung: Der Zukunft entgegentreten
KI und maschinelles Lernen: Demokratisierung der Entscheidungsfindung
Aufstieg der Data Lakehouses
Datenkompetenz: Grundstein der Datenkultur
Privacy Tech: Balance zwischen Zugang und Datenschutz
Konzentrieren Sie sich auf Data Governance
Der Beginn der Datenoperationen
Predictive Analytics – Transformation der Geschäftsentscheidungsfindung
Demokratisierte KI – Intelligenz in die Massen bringen
Verbesserungen bei Data Governance und Datenschutz
Self-Service-Datentools – Der Aufstieg der Citizen Data Scientists
Abschluss
Demokratisierung von Daten im Zeitalter von maschinellem Lernen und KI
KI und maschinelles Lernen treiben die Datendemokratisierung voran
Fortschrittliche Datenvisualisierung stärkt die Datendemokratisierung
Datendemokratisierung im Zeitalter erhöhter Sicherheit
Prädiktive und präskriptive Analytik: Die nächste Grenze
Einzelpersonen befähigen, Citizen Data Scientists zu werden
Kapitel 10.2: Künstliche Intelligenz und maschinelles Lernen
Autonome Datensysteme
Deep Learning und neuronale Netze

Datensicherheit und KI
Haftungsausschluss für Urheberrechte und Inhalte:
Finanzielle Haftungsausschluss
Urheberrecht und andere Haftungsausschlüsse:

1. Einführung in die Datendemokratisierung

1.1 Das Konzept der Datendemokratisierung verstehen

Datendemokratisierung bedeutet einen Wandel in der Art und Weise einer Organisation, Daten zu verwalten und zu nutzen. Das Konzept impliziert, dass jeder, unabhängig von seiner Rolle, Zugriff auf Daten hat und diese in seinem Entscheidungsprozess nutzen kann. Dieses Paradigma löst sich von traditionellen Datenpraktiken, bei denen der Zugriff auf Daten auf bestimmte Rollen wie Datenwissenschaftler oder Analysten beschränkt war.

Um das Ausmaß und das Potenzial der Datendemokratisierung vollständig zu verstehen, ist es wichtig zu begreifen, dass es sich bei Daten nicht nur um „rohe" und „unverarbeitete" Informationen handelt. Im Wesentlichen handelt es sich bei Daten um einen strategischen Vermögenswert, der bei effektiver Analyse nützliche Erkenntnisse liefern, effektive Entscheidungen vorantreiben und Innovationen anregen kann, wodurch das Unternehmenswachstum gefördert wird. Daher können Unternehmen durch die Demokratisierung von Daten ihre Mitarbeiter in die Lage versetzen, Daten für fundierte Entscheidungen und die Entwicklung innovativer Lösungen zu nutzen.

1.1.1 Vorteile der Datendemokratisierung

Die Demokratisierung von Daten bietet verschiedene Vorteile und verändert die Art und Weise, wie Organisationen arbeiten und sich weiterentwickeln. Hier sind einige wichtige Vorteile:

- **Informierte Entscheidungsfindung:** Durch die Demokratisierung von Daten stehen allen Mitarbeitern Informationen zur Verfügung, sodass sie datengesteuerte Entscheidungen treffen können, die in der Regel genauer und effizienter sind.
- **Innovation:** Wenn jeder in einer Organisation auf Daten zugreifen und diese verstehen kann, ist es nicht verwunderlich, dass neue und kreative Ideen auftauchen. Der freie Informationsfluss schafft einen Nährboden für Innovationen.
- **Befähigte Mitarbeiter:** Die Demokratisierung von Daten gibt den Mitarbeitern ein Gefühl der Autonomie. Dies kann zu einer Steigerung der Verantwortung, Motivation und Arbeitszufriedenheit führen.
- **Erhöhte Unternehmensleistung:** Als Folgeeffekt verbesserter Entscheidungsfindung und Innovation wird sich die Gesamtleistung des Unternehmens wahrscheinlich verbessern.

1.1.2 Herausforderungen für die Datendemokratisierung

Die Datendemokratisierung bringt zwar verschiedene Vorteile mit sich, bringt aber auch einige Herausforderungen mit sich:

- **Datenschutz und Sicherheit:** Da Daten allen Mitarbeitern zur Verfügung stehen, ist es wichtig sicherzustellen, dass sensible Daten nicht in die falschen Hände geraten. Es müssen

Schutzmaßnahmen vorhanden sein, um Daten so zu sichern, dass sie zwar zugänglich, aber auch geschützt sind.

- **Datenkompetenz:** Nicht alle Mitarbeiter verfügen unbedingt über die erforderlichen Fähigkeiten, um Daten richtig zu interpretieren. Um Fehlinterpretationen zu vermeiden, müssen Mitarbeiter über ein grundlegendes Verständnis von Daten verfügen.

1.1.3 Herausforderungen meistern

Diese Herausforderungen mögen zwar entmutigend erscheinen, können aber mit geeigneten Maßnahmen bewältigt werden:

- **Sicherheitsmaßnahmen:** Durch die Einführung strenger Datenverwaltungs- und Sicherheitsrichtlinien können Sie Ihre Daten schützen und gleichzeitig ihre Zugänglichkeit aufrechterhalten.
- **Verbesserung der Datenkompetenz:** Durch die Schulung der Mitarbeiter in den Grundlagen der Datennutzung, -interpretation und -sicherheit können sie sich die erforderlichen Fähigkeiten aneignen, um die verfügbaren Daten effektiv zu nutzen.

Während wir die Kapitel dieses Buches durcharbeiten, befassen wir uns ausführlicher mit den oben genannten Aspekten der Datendemokratisierung sowie mit wirksamen Strategien und Tools, die Ihren Weg zur Datendemokratisierung in Ihrem Unternehmen beschleunigen können.

Indem Sie diesen Weg einschlagen, statten Sie Ihr Team nicht nur mit der Fähigkeit aus, fundierte Entscheidungen zu treffen, sondern fördern auch eine Kultur der Neugier,

Innovation und des Engagements. Ohne den freien Zugang zu Daten bleibt das volle Potenzial des wertvollsten Kapitals eines Unternehmens – seiner Mitarbeiter – ungenutzt. Wenn wir tiefer in die folgenden Kapitel eintauchen, denken Sie daran: Durch die Demokratisierung von Daten; Wir demokratisieren die Macht!

1.1 Datendemokratisierung verstehen

Datendemokratisierung, ein wichtiges Konzept im heutigen Geschäftsumfeld, bezieht sich auf den Prozess, bei dem wir digitale Informationen in verständlicher Form für technisch nicht versierte Benutzer ohne externe Hilfe zugänglich machen. Es verlagert die Kontrolle über Daten von bestimmten Teams oder Einzelpersonen und gibt jedem innerhalb einer Organisation die Möglichkeit, auf Unternehmensdaten zuzugreifen, diese zu teilen und zu nutzen, um den Geschäftswert zu steigern.

1.1.1 Die Notwendigkeit einer Datendemokratisierung

In traditionellen Geschäftsmodellen wurden Daten meist von Datenspezialisten oder IT-Experten verwaltet und interpretiert. Mit dem Aufkommen von Big Data und immer komplexeren Geschäftsumgebungen führte dies jedoch zu Engpässen und beeinträchtigte die Fähigkeit des Unternehmens, zeitnahe und fundierte Entscheidungen zu treffen.

Die Datendemokratisierung geht dieses Problem an, indem sie Datensilos auflöst und allen Mitgliedern der Organisation den Zugriff auf die benötigten Daten ermöglicht. Durch diese

Zugänglichkeit werden Entscheidungsprozesse vereinfacht, Innovationen vorangetrieben und Unternehmen dabei unterstützt, effektiver auf Marktveränderungen zu reagieren.

1.1.2 Das Wesen der Datendemokratisierung

Unter Datendemokratisierung versteht man die Idee der Vereinfachung und Zugänglichkeit. Dabei geht es nicht nur darum, Daten zugänglich zu machen, sondern sie für alle verständlich zu machen. Es geht darum, die Gatekeeper völlig auszulöschen und jedem Einzelnen das Recht zu geben, auf Daten zuzugreifen, sie zu verstehen, an der Entscheidungsfindung teilzunehmen und letztendlich den Geschäftsbetrieb zu verbessern.

In gewisser Weise könnte Datendemokratisierung gleichbedeutend mit Transparenz sein. Es lädt Menschen mit unterschiedlichem Hintergrund an den Entscheidungstisch ein, setzt sich für die Beseitigung hierarchischer Beschränkungen ein und ermutigt Mitarbeiter auf allen Ebenen, Daten zu ihrem Nutzen und zum Wachstum des Unternehmens zu nutzen.

1.1.3 Die potenziellen Hürden bei der Datendemokratisierung

Obwohl die Vorteile der Datendemokratisierung immens sind, birgt der Prozess auch potenzielle Risiken und Herausforderungen. Datensicherheit und Datenschutz gehören zu den wichtigsten Anliegen. Es ist von entscheidender Bedeutung, sicherzustellen, dass im Demokratisierungsprozess geeignete Sicherheitsmaßnahmen vorhanden sind, um sensible Informationen vor unbefugtem Zugriff, Missbrauch oder Verstößen zu schützen.

Data Governance ist eine weitere wichtige Herausforderung für Unternehmen. Dabei geht es um die Verwaltung und Gewährleistung der Qualität, Integrität und Sicherheit der Daten. Während es bei der Datendemokratisierung um freien Zugang geht, könnten Benutzer ohne den richtigen Governance-Rahmen falsche Schlussfolgerungen aus ungenauen und unvollständigen Daten ziehen.

1.1.4 Die Zukunft der Datendemokratisierung

Da Unternehmen zunehmend erkennen, wie wichtig es ist, ihre Teams mit Daten auszustatten, scheint die Zukunft der Datendemokratisierung dynamisch und vielversprechend. Mit fortschrittlichen Technologien wie KI und maschinellem Lernen werden wir ausgefeiltere Tools sehen, die Benutzer dabei unterstützen, Daten sinnvoll zu interpretieren und zu nutzen.

In Zukunft sollte die Datendemokratisierung mit Datenkompetenzprogrammen einhergehen. Selbst wenn Daten leicht zugänglich sind, müssen Organisationen sicherstellen, dass ihre Mitglieder über die Fähigkeiten verfügen, die Daten richtig zu interpretieren und zu verwenden. Durch die Förderung einer datengesteuerten Kultur können Unternehmen den größtmöglichen Nutzen aus der Datendemokratisierung ziehen.

Im Wesentlichen birgt die Datendemokratisierung das Potenzial, Organisationen zu transformieren und erhebliches Wachstum, Innovation und Wettbewerbsvorteile voranzutreiben. Da Daten zum neuen Öl werden, wird die Demokratisierung dieses wichtigen Vermögenswerts in den kommenden Jahren zu einer wichtigen Geschäftsstrategie für kluge Unternehmen.

Demokratisierung von Daten: Ein grundlegender Wandel hin zur Datenermächtigung

Während wir das Potenzial von Big Data und Analytics in unserer sich schnell entwickelnden Wirtschaft nutzen, hat sich das Konzept der „Datendemokratisierung" als bahnbrechender Wandel in der Unternehmenskultur und im betrieblichen Ansatz herauskristallisiert. Die Demokratisierung von Daten kann einen entscheidenden Einfluss auf die Fähigkeit eines Unternehmens haben, Innovationen voranzutreiben, fundierte Entscheidungen zu treffen und Wettbewerbsvorteile zu wahren. Es geht weg von einem traditionellen hierarchischen Datenzugriffssystem hin zu einem modernen inklusiven Modell, bei dem die Verfügbarkeit von Datensätzen auf allen Organisationsebenen weit verbreitet ist.

Datendemokratisierung verstehen

Datendemokratisierung bedeutet, jedem in einer Organisation (unabhängig von seinem Rang und hierarchischen Status) Zugriff zu gewähren und es ihm zu ermöglichen, Daten in seinem Entscheidungsprozess zu nutzen. Diese Methode fördert die Datenverfügbarkeit auf allen Ebenen und stellt so sicher, dass Einzelpersonen Entscheidungen treffen können, die mit der kollektiven Vision und dem gemeinsamen Verständnis der Organisation übereinstimmen.

Betrachten Sie die Datendemokratisierung in einer vereinfachten Version als „Informationsgleichheit". Dies bedeutet, dass Daten nicht auf eine bestimmte Abteilung wie

IT oder Management beschränkt sind; Stattdessen steht es jedem innerhalb der Organisation zur Verfügung, der es kritisch analysieren und nutzen kann, um positive Ergebnisse zu erzielen.

Die Notwendigkeit einer Datendemokratisierung

Warum gibt es im gegenwärtigen Geschäftszeitalter einen Wandel hin zur Datendemokratisierung? Zuvor wurden Daten den Entscheidungsträgern zur Verfügung gestellt, während anderen in der Organisation die Daten vorenthalten blieben. Mit steigendem Datenwert führte dieser Ansatz zu Engpässen und Verzögerungen, was die betriebliche Effizienz und die organisatorische Agilität beeinträchtigte.

Durch die Demokratisierung von Daten werden Daten zu einer gemeinsamen Ressource im gesamten Unternehmen, wodurch Datensilos beseitigt und eine informierte und entscheidungsorientierte Belegschaft gefördert werden. Es öffnet die Tür zu Erkenntnissen aus der Datenanalyse und verbessert so die Entscheidungsfindung sowie die Förderung und Förderung von Innovationen.

Stärkung von Organisationen durch Datendemokratisierung

Das Endziel der Datendemokratisierung besteht darin, jedes Teammitglied zu stärken und eine Umgebung zu schaffen, in der die Mitarbeiter ein umfassendes Verständnis der Geschäftsprozesse erlangen und gleichzeitig datengesteuerte Entscheidungen treffen. Eine demokratisierte Datenumgebung inspiriert eine dynamische

Belegschaft und fördert Kreativität, Innovation und Verantwortung. Eine informierte Belegschaft würde nicht nur fundierte Entscheidungen treffen, sondern auch positiv zur Erreichung kollektiver Unternehmensziele beitragen.

Die Demokratisierung von Daten treibt Innovationen voran und hilft Unternehmen, sich schneller an Marktveränderungen anzupassen. Durch die Demokratisierung von Daten können Unternehmen ihre Innovationsfähigkeit beschleunigen, indem sie wertvolle Erkenntnisse gewinnen und diese in der Betriebsstrategie und Kundenbindung anwenden.

Herausforderungen meistern und Datendemokratisierung umsetzen

Der Prozess der Demokratisierung von Daten kann zwar eine Stärkung sein, bringt aber auch erhebliche Herausforderungen mit sich, darunter Datenschutz, Sicherheit, Compliance und Aufrechterhaltung der Datenqualität. Daher ist es bei der Umsetzung einer Datendemokratisierungsstrategie von entscheidender Bedeutung, das richtige Gleichgewicht zwischen Datenzugänglichkeit und Governance zu finden.

Mehrere Tools und Plattformen können die Datendemokratisierung unterstützen, nämlich Self-Service-Business-Intelligence-Tools (BI), Datenkatalogsoftware und Datenvirtualisierungstools. Diese Technologien ermöglichen nicht nur den Datenzugriff, sondern gewährleisten auch die Zuverlässigkeit und Integrität der Daten.

Um eine erfolgreiche Datendemokratisierungskultur zu fördern, ist es wichtig, die Einführung von Technologien mit kontinuierlicher Aus- und Weiterbildung zu kombinieren.

Dies würde die Belegschaft in die Lage versetzen, Datenerkenntnisse in ihren jeweiligen Rollen richtig zu interpretieren und anzuwenden.

Die Demokratisierung von Daten ist eine Reise, kein Ziel. Es geht darum, einen kulturellen Wandel herbeizuführen, bei dem jeder Einzelne – unabhängig von seiner Rolle oder seinem Rang – mit Daten ausgestattet wird. Während wir uns im Zeitalter der Analyse und datengesteuerten Entscheidungsfindung bewegen, dürfen die potenziellen Vorteile und positiven Auswirkungen auf die Marktpositionierung eines Unternehmens nicht übersehen werden. Im Wesentlichen wird eine Organisation, die ihre Daten erfolgreich demokratisiert, in der datengesteuerten neuen Weltordnung nicht nur überleben, sondern auch gedeihen.

1.1 Das Konzept der Datendemokratisierung verstehen

Datendemokratisierung mag wie ein komplexes Konzept erscheinen, das sich nur auf technische Aspekte einer Organisation bezieht, aber es ist viel einfacher, als es klingt. Es bezieht sich auf den Prozess, bei dem alle Personen in einer Organisation ohne hierarchische Einschränkungen leicht auf Daten zugreifen können. Dieses Konzept bedeutet, dass jede Person, unabhängig von ihrer Rolle, Zugang zu wertvollen Informationen hat und diese nutzen kann, um Entscheidungen zur Verbesserung der Organisation voranzutreiben. Dieser Ansatz beseitigt Engpässe und ermöglicht es Einzelpersonen auf allen Ebenen eines Unternehmens, datengesteuerte Entscheidungen zu treffen.

Um es in den Kontext zu bringen, denken Sie an traditionelle Organisationen, in denen der Zugriff auf Daten auf wenige

Einzelpersonen oder Teams beschränkt ist, im Allgemeinen auf diejenigen, die in Entscheidungshierarchien stehen. Dies stellt eine Hürde für Mitarbeiter auf niedrigerer Ebene dar und schränkt ihre Fähigkeit zur fundierten Entscheidungsfindung ein. Vergleichen Sie dies mit einer Organisation, die sich für die Demokratisierung von Daten einsetzt – hier sind Informationen transparent und werden auf allen Ebenen frei geteilt. Dadurch können Mitarbeiter die Geschäftsdynamik besser verstehen und auf vielfältige Weise aufschlussreiche und nützliche Beiträge leisten.

Das Schöne an der Datendemokratisierung liegt in der praktischen Umsetzung des Sprichworts „Wissen ist Macht". In diesem Fall werden Daten zum Wissen, das die Abläufe und Strategien einer Organisation antreibt. Bei der Datendemokratisierung geht es jedoch nicht nur um die Bereitstellung von Daten. Es erfordert auch die Fähigkeit innerhalb der Organisation, diese Daten zu verstehen, zu analysieren und daraus Erkenntnisse abzuleiten, selbst für Personen mit nichttechnischem Hintergrund. Dies erfordert die Bereitstellung bestimmter Mechanismen und Tools, die benutzerfreundlich sind und die Dateninterpretation für alle einfacher machen können.

1.2 Die Bedeutung der Datendemokratisierung

Die Datendemokratisierung ist nicht nur ein schickes Werkzeug in den Händen von Organisationen, sie ist heute ein Bedarf, der durch eine Überfülle an täglich generierten Daten angetrieben wird. Die Rolle von Daten in modernen Geschäftsstrategien hat sich enorm weiterentwickelt und Unternehmen nehmen dieses Konzept schnell an. Hier sind einige Gründe, warum die Datendemokratisierung wichtig ist:

1. **Fördert eine datengesteuerte Kultur:** Die
   Demokratisierung von Daten legt den Grundstein für
   eine Unternehmenskultur, die auf Erkenntnissen und
   nicht nur auf Intuition basiert. Es fördert ein Umfeld
   des Wachstums und Lernens, in dem die
   Entscheidungsfindung auf Fakten und nicht nur auf
   Annahmen basiert.
2. **Führt zu fundierten Entscheidungen:** Mit der
   Verfügbarkeit relevanter Daten wird die
   Entscheidungsfindung effektiver. Fehltritte und
   fehlgeleitete Entscheidungen nehmen ab, wenn
   genaue Daten vorliegen.
3. **Stärkt Mitarbeiter:** Wenn jeder Mitarbeiter
   unabhängig auf Daten zugreifen und diese
   analysieren kann, stärkt das ihr Selbstvertrauen und
   ihre Autonomie. Diese Stärkung führt zu einer
   besseren Arbeitszufriedenheit und Bindung.
4. **Fördert Innovation:** Der einfache und
   uneingeschränkte Zugriff auf Daten kann zu neuen
   Erkenntnissen und innovativen Lösungen führen, die
   sonst möglicherweise übersehen worden wären. Es
   bietet Mitarbeitern die Möglichkeit, neue Wege zum
   Nutzen des Unternehmens zu erkunden.

1.3 Umsetzung der Datendemokratisierung in Ihrer Organisation

Die Datendemokratisierung scheint zunächst ein
überwältigender Prozess zu sein, doch für eine erfolgreiche
Umsetzung ist ein strategischer Ansatz erforderlich.
Unternehmen müssen einige entscheidende Faktoren im
Auge behalten – wie Sicherheit und Datenschutz, Auswahl

der richtigen Tools, Investitionen in Schulung und
Ausbildung, Förderung einer kollaborativen Umgebung usw.

Die Demokratisierung von Daten kann die Dynamik Ihres
Unternehmens auf vielversprechende Weise verändern –
und im weiteren Verlauf dieses Buches werden wir
untersuchen, wie Sie diesen Betriebsstil erfolgreich
umsetzen können. Ganz gleich, ob Sie ein Startup oder ein
multinationales Unternehmen sind, unser Ziel ist es, Ihnen
die Tools und Strategien zur Verfügung zu stellen, die Ihnen
helfen können, das Potenzial zu erkennen, das darin liegt,
Daten zu einer demokratischen Säule Ihrer
Organisationsarchitektur zu machen.

1.1 Datendemokratisierung verstehen

Datendemokratisierung bezieht sich auf den Prozess, durch
den wir jedem innerhalb einer Gruppe oder Organisation,
unabhängig von seiner Position oder Abteilung, ermöglichen,
Daten für Entscheidungen, Erkenntnisse, Innovationen und
mehr zu nutzen, ohne dass engagierte Gatekeeper wie ein
Fachmann eingreifen müssen Datenanalyst oder IT-
Personal. Durch die Verkörperung des Demokratiekonzepts,
in dem jeder die gleichen Rechte hat, ermöglicht die
Datendemokratisierung jedem einzelnen Mitglied den freien
Zugriff auf Daten und Informationen.

Heutzutage werden Daten zum neuen Öl und treiben
transformative Veränderungen in verschiedenen Sektoren
voran. Führungskräfte erkennen zunehmend das Potenzial
von Daten zur Erschließung von Wachstum, zur Steigerung
der betrieblichen Effizienz und zur Beschleunigung von
Entscheidungsprozessen. Dennoch sind Daten oft in Silos

gefangen, was es schwierig macht, ihren Wert zu extrahieren.

Traditionell verließen sich Unternehmen auf Datenwissenschaftler oder IT-Experten, wenn sie aus Daten etwas lernen mussten. Dadurch entstand eine hierarchische Struktur, in der die Fähigkeit, Erkenntnisse zu gewinnen, auf einigen wenigen Auserwählten beruhte. Darüber hinaus war es ein zeitaufwändiger Prozess, der zu Engpässen und häufig zu Verzögerungen führte, die eine sofortige Entscheidungsfindung behinderten. Dies war nicht effizient und erforderte eine Änderung; und so entstand die Idee der Datendemokratisierung.

Durch die Datendemokratisierung werden Datensilos aufgebrochen, sodass jeder Einzelne in einer Organisation jederzeit und überall auf Daten zugreifen kann, wodurch eine integrativere, stärkere und datengesteuerte Kultur gefördert wird. Es geht darum, eine Umgebung zu schaffen, in der jeder Einzelne sicher ist, Daten und Analysetools zu nutzen, um seine Arbeit besser zu erledigen.

1.1.1 Vorteile der Datendemokratisierung

- **Beschleunigt die Entscheidungsfindung** : Durch den ungehinderten Zugriff auf Daten können Mitarbeiter schnell fundierte Entscheidungen treffen, ohne Anfragen bearbeiten und auf Daten von IT-Teams oder Datenanalysten warten zu müssen.
- **Fördert Innovation** : Wenn alle Mitarbeiter Zugriff auf Daten haben, können sie ihre einzigartige Perspektive und ihre Fähigkeiten einsetzen, um neue Werte zu finden und Innovationen innerhalb der Organisation voranzutreiben.
- **Befähigt Mitarbeiter** : Die Demokratisierung von Daten ermöglicht es Mitarbeitern, Verantwortung zu

übernehmen, Entscheidungen zu treffen und sich stärker und engagierter zu fühlen.

- **Gleichere Wettbewerbsbedingungen** : Durch den Abbau von Datensilos stellt die Datendemokratisierung sicher, dass alle Abteilungen und Teams gleichberechtigten Zugang zu Informationen haben, und fördert so die Gerechtigkeit innerhalb einer Organisation.

1.1.2 Herausforderungen der Datendemokratisierung

- **Datenverwaltung und -sicherheit** : Sicherzustellen, dass die richtigen Personen Zugriff auf die richtigen Daten haben und gleichzeitig Datenschutz- und Datenschutzprotokolle einzuhalten, ist eine große Herausforderung.
- **Qualität und Genauigkeit** : Da viele Benutzer auf die Daten zugreifen und diese möglicherweise ändern, kann es auch eine komplexe Aufgabe sein, die Genauigkeit und Qualität der Daten sicherzustellen.
- **Überwältigende Datenmenge** : Bei einem Anstieg der zugänglichen Daten kann es für einige Benutzer überwältigend werden, was zu Verwirrung oder Fehlinterpretationen führt.

Letztendlich besteht das Ziel der Datendemokratisierung darin, eine Organisation zu schaffen, in der jeder Daten nutzen kann, um fundierte Entscheidungen zu treffen, Innovationen voranzutreiben und zum Gesamterfolg des Unternehmens beizutragen. Daher ist es von entscheidender Bedeutung, ein sorgfältiges Gleichgewicht herzustellen, zu lernen, mit den Herausforderungen umzugehen und sicherzustellen, dass die Vorteile die potenziellen Risiken bei weitem überwiegen. Die Datendemokratisierung stellt einen bedeutenden Wandel in der Art und Weise dar, wie wir über

Daten denken und damit umgehen – und bringt eine neue Ära der datengesteuerten Entscheidungsfindung mit sich, die das Potenzial hat, Unternehmen aller Branchen zu verändern.

2. Daten entschlüsseln: Was sie sind und welche Bedeutung sie haben

2.1 Die grundlegende Wissenschaft hinter Daten

Das Verständnis von Daten beginnt mit den Grundlagen. Daten sind eine Sammlung von Fakten, einschließlich Zahlen, Wörtern, Messungen und Beobachtungen. Im Geschäftskontext beziehen sich Daten häufig auf alle erfassten Details über betriebliche Aktivitäten, die von Computern aufgezeichnet und manipuliert werden könnten. Einfach ausgedrückt: Wenn eine Organisation ihre Daten nicht versteht, wird die Entscheidungsfindung eher zu einem Spiel mit Risiken als zu einem fundierten Prozess.

Informationen sind die verarbeitete Form von Rohdaten, die nach dem Analyseprozess aussagekräftige Erkenntnisse vermitteln. Unternehmensdaten können in verschiedene Typen segmentiert werden:

- **Kategoriale Daten** : Hierbei handelt es sich um Daten, die in verschiedene Kategorien sortiert werden können, jedoch keine Reihenfolge oder Priorität haben. Zum Beispiel Branchentypen (Technologie, Gesundheit, Bildung usw.)

- **Quantitative Daten** : Es handelt sich um numerische Daten, die eine Menge darstellen. Beispielsweise die Anzahl der Mitarbeiter in einem Unternehmen.
- **Ordnungsdaten** : Es handelt sich um eine Kombination aus kategorialen und quantitativen Daten. Es gibt eine genaue Reihenfolge. Bewerten Sie beispielsweise ein Produkt mit einer Note von 1 (sehr schlecht) bis 5 (sehr gut).
- **Intervalldaten** : Eng verwandt mit Ordinaldaten, aber mit gleichen Intervallen. Zum Beispiel Temperatur.
- **Zeitreihendaten** : Hierbei handelt es sich um Datenpunkte, die in zeitlicher Reihenfolge gesammelt oder aufgezeichnet werden. Zum Beispiel der monatliche Umsatz eines Unternehmens.

2.1.1 Die Bedeutung von Daten in einem Geschäftsumfeld

Unabhängig von ihrer Größe generieren Organisationen täglich große Datenmengen. Doch wichtiger als die Menge der generierten Daten ist, was Unternehmen mit den Daten machen. Daten können als Vermögenswert genutzt werden und liefern bei angemessener Entschlüsselung strategische Erkenntnisse, die zu fundierten Geschäftsentscheidungen führen. Dabei handelt es sich um die Theorie, Daten in Informationen und dann in Wissen umzuwandeln – die eigentliche Grundlage für einen fundierten Geschäftsentscheidungsprozess.

Durch die Entschlüsselung von Daten enthüllen Sie ihr Potenzial für:

- **Verbesserung der Entscheidungsfindung** : Datengesteuerte Erkenntnisse können Entscheidungsprozesse verbessern, indem sie beweiskräftige Statistiken und Zahlen unterstreichen.

Dies ermöglicht ein besseres Verständnis der
Geschäftswelt und führt zu effektiven Strategien.

- **Chancen identifizieren** : Durch die Entschlüsselung
  von Daten können Sie neue Chancen identifizieren,
  die Ihre Strategien erheblich verbessern können. Dies
  würde häufig anspruchsvollere Praktiken wie
  Trendanalysen und Prognosen erfordern.
- **Effizienz steigern** : Das Verständnis von Daten kann
  potenzielle Bereiche für die Rationalisierung von
  Prozessen, die Steigerung der Effizienz und
  letztendlich die Steigerung des Gewinns aufdecken.

Diese Vorteile unterstreichen die Bedeutung der
Dekodierung und des Verständnisses von Daten. Es sollte
auch die Notwendigkeit einer Demokratisierung der Daten in
Organisationen hervorheben. Der Zugriff auf Daten und
deren Verständnis sollte nicht auf Analysten und technische
Teams beschränkt sein. Dies erfordert einen kulturellen
Wandel innerhalb der Organisationen und plädiert für einen
offenen Ansatz bei der explorativen Datenanalyse, der ein
aufschlussreiches Arbeitserlebnis schafft.

2.1.2 Herausforderungen bei der Entschlüsselung von Daten

Obwohl Daten ein enormes Potenzial haben, ein
Unternehmen voranzubringen, gibt es auf dem Weg dorthin
Hürden. Zu den Herausforderungen können gehören:

- **Datenqualität** : Schlechte Datenqualität aufgrund von
  Eingabefehlern, fehlenden Daten oder Inkonsistenzen
  kann zu falsch fundierten Entscheidungen führen.
- **Datensicherheit** : Wenn Sie die
  Datendemokratisierung vorantreiben, werden Fragen
  darüber, wer Zugriff auf die Daten erhält und wie

vertrauliche Informationen geschützt werden, von entscheidender Bedeutung.
* **Mangel an geeigneten Werkzeugen** : Die Entschlüsselung von Daten ist die halbe Miete; Organisationen müssen außerdem wirksame Tools zur Datenanalyse bereitstellen.

Das Kennen und Verstehen dieser Herausforderungen ist für die Entwicklung von Strategien für Ihren Weg zur Datendemokratisierung von entscheidender Bedeutung.

2.1.3 Neue Trends bei der Datenentschlüsselung

Mit der Weiterentwicklung der Technologie entwickeln sich auch die Methoden zur Datenentschlüsselung weiter. Wenn Unternehmen diese Trends im Griff haben und ihre Wirksamkeit verstehen, können sie ihre Daten in umsetzbare Erkenntnisse umwandeln. Zu diesen Trends gehören:

* **Künstliche Intelligenz und maschinelles Lernen** : Diese Technologien machen es schneller und einfacher als je zuvor, riesige Datenmengen in Echtzeit zu verarbeiten.
* **Prädiktive und präskriptive Analysen** : Diese Analysepraktiken helfen dabei, zukünftige Wahrscheinlichkeiten aufzudecken und eine optimale Vorgehensweise zu empfehlen.

Zusammenfassend lässt sich sagen, dass das Verständnis von Daten und ihrer Bedeutung der Grundstein für den Aufbau einer starken Grundlage für jedes Unternehmen ist, das datengesteuert arbeiten möchte. Durch ein besseres Datenverständnis kann Ihr Unternehmen die Entscheidungsfindung verbessern, neue Möglichkeiten entdecken und die Effizienz steigern. Dieses Verständnis wird umso wichtiger, wenn Sie Ihr Unternehmen durch die Demokratisierung von Daten stärken möchten.

Die Grundlagen verstehen: Datengrundlagen

Bevor wir uns mit der Demokratisierung von Daten befassen, ist es wichtig zu verstehen, was Daten sind und warum sie für jedes Unternehmen von entscheidender Bedeutung sind. Daten beziehen sich im einfachsten Sinne auf einzelne Informationseinheiten. Im geschäftlichen Kontext sind Daten in der Regel alle Informationen über Abläufe, Kunden, Produkte, Märkte usw..

Im digitalen Zeitalter werden Daten oft als die wertvollste Ressource bezeichnet, was angesichts der zunehmenden datengesteuerten Entscheidungsfindung und -strategien, prädiktiven Analysen und intelligenten Automatisierung tatsächlich zutrifft. Unsere Fähigkeit, Daten zu sammeln, zu verarbeiten und zu interpretieren, hat die Art und Weise, wie wir Unternehmen betreiben, Entscheidungen treffen und zukünftige Trends vorhersagen, revolutioniert.

Das Verständnis der Bedeutung von Daten ist daher der erste und wichtigste Schritt zur Stärkung einer Organisation. Wir erkennen es als einen Vermögenswert an, der bei effektiver Nutzung großartige Einblicke liefern, Abläufe optimieren, Wettbewerbsvorteile schaffen und Innovationen vorantreiben kann.

Die verschiedenen Arten von Daten

Daten gibt es in vielen Formen. In einem organisatorischen Umfeld werden sie häufig in zwei grundlegenden Arten produziert und gesammelt: strukturierte und unstrukturierte Daten.

Bei strukturierten Daten handelt es sich um Informationen mit einem hohen Organisationsgrad, die mit einfachen, unkomplizierten Suchmaschinenalgorithmen oder anderen Suchvorgängen leicht durchsuchbar sind. Dabei handelt es sich um Informationen mit einer definierten Länge und einem definierten Format für Big Data. Beispiele hierfür sind relationale Daten und JSON.

Andererseits handelt es sich bei unstrukturierten Daten, wie der Name schon sagt, um Informationen, die nicht auf vordefinierte Weise organisiert sind oder über kein vordefiniertes Datenmodell verfügen. Es ist nicht leicht zu durchsuchen und enthält oft viel Text, einschließlich E-Mails, Social-Media-Beiträgen und Word-Dokumenten.

Um zu verstehen, wie diese Daten am besten genutzt, analysiert und letztendlich demokratisiert werden können, ist es von entscheidender Bedeutung, die Arten von Daten zu verstehen, die Ihr Unternehmen sammelt und generiert.

Warum sind Daten wichtig?

Daten sind für Unternehmen von enormem Wert. Es ist das Rohmaterial, aus dem Erkenntnisse, Informationen und umsetzbare Entscheidungen gezogen werden können. Daten allein sind jedoch unraffiniert und schwer zu interpretieren und erscheinen oft als scheinbar zufällige Zahlen und Texte.

Sobald die Daten jedoch verarbeitet, zusammengestellt und analysiert werden, werden sie in aussagekräftige Informationen umgewandelt, die als Grundlage für die

Entscheidungsfindung dienen, Trends vorhersagen und Muster aufdecken können, die zuvor nicht sichtbar waren.

Von der Optimierung von Prozessen und Marktausrichtung bis hin zur Stärkung der Kundenbeziehungen und der Ermöglichung von Innovationen sind Daten das Herzstück all dieser Vorgänge. Durch die Dekodierung von Rohdaten ist es möglich, scheinbar zufällige Informationen in verwertbare Informationen umzuwandeln, die das Wachstum und die Effizienz Ihres Unternehmens vorantreiben.

Daten verstehen

Daten, ob groß oder klein, müssen entschlüsselt werden, damit sie nützlich sind. Die Dekodierung von Daten umfasst einen Prozess der Untersuchung, Bereinigung, Transformation und Modellierung von Daten mit dem Ziel, nützliche Informationen zu ermitteln, fundierte Schlussfolgerungen zu ziehen und die Entscheidungsfindung zu unterstützen.

Dieser Prozess erfordert Analysten mit speziellen Fähigkeiten und den Einsatz von Datenanalysetools. Nachdem die Daten bereinigt und organisiert wurden, können sie einer Analyse unterzogen werden. Durch den Einsatz verschiedener Datenanalyseansätze, einschließlich Data Mining, Predictive Analytics und Text Analytics, können die in den Daten verborgenen Informationen enthüllt werden.

Sicherzustellen, dass Ihr Unternehmen versteht, was Daten sind, welche Bedeutung sie haben, wie sie erfasst werden und wie sie entschlüsselt und sinnvoll genutzt werden können, ist ein grundlegender Schritt auf dem Weg zum ultimativen Ziel: der Datendemokratisierung.

2.1 Verstehen, was Daten sind

Der erste Schritt zur Demokratisierung von Daten besteht darin, zu verstehen, was Daten sind und warum sie so wichtig sind. Einfach ausgedrückt sind Daten eine aggregierte Form von Sachinformationen, die verschiedenen Zwecken dienen, von der Wissenserweiterung bis zur Entscheidungsfindung. Dabei kann es sich um quantifizierbare Fakten über Personen, Orte, Ereignisse, Geschäftskennzahlen, menschliches Verhalten und im Grunde alles handeln, was gemessen oder aufgezeichnet werden kann. Diese Daten können in verschiedenen Formen vorliegen, z. B. als Text, Zahlen, Bilder, Audio, Video usw.

Daten können in verschiedene Typen eingeteilt werden. Zwei der häufigsten Typen sind:

1. **Qualitative Daten:** Diese Art von Daten ist oft beschreibend und unstrukturiert. Es vermittelt subjektive und greifbare Qualitäten oder Merkmale wie Meinungen, Verhaltensweisen und Erfahrungen.
2. **Quantitative Daten:** Quantitative Daten hingegen sind strukturiert und numerisch. Es wird verwendet, um Probleme durch die Erstellung von Statistiken zu quantifizieren.

2.1.1 Die Bedeutung von Daten

In der Zeit, in der wir leben, werden Daten oft als „neues Öl" bezeichnet. Dies ist nicht nur ein Schlagwort; Es verdeutlicht den immensen Wert von Daten in unserer heutigen Welt. Für Unternehmen sind Daten ein entscheidender Vermögenswert, der genutzt werden kann, um Wachstum, Innovation und strategische Entscheidungen voranzutreiben. Hier sind einige Gründe, warum Daten so wichtig sind:

1. **Informierte Entscheidungsfindung**: Mit Daten
   kommt es bei der Entscheidungsfindung weniger auf
   Intuition als vielmehr auf Analysen und Fakten an.
   Dies reduziert Unsicherheit und Risiken und
   verbessert gleichzeitig Effizienz und Ergebnisse.
2. **Prädiktive Analyse**: Unternehmen können
   historische Daten nutzen, um zukünftige Trends,
   Anforderungen und Herausforderungen zu
   antizipieren. Dieses Wissen kann ihnen einen
   Wettbewerbsvorteil in ihrer Branche verschaffen.
3. **Kundenverhalten verstehen**: Unternehmen können
   Daten nutzen, um Einblicke in das Verhalten, die
   Bedürfnisse und Vorlieben der Kunden zu gewinnen.
   Diese Erkenntnisse können die Produktentwicklung,
   gezieltes Marketing und Kundendienstinitiativen
   vorantreiben.
4. **Leistungsverfolgung**: Unternehmen können Daten
   verwenden, um die Leistung in allen Teilen ihrer
   Organisation zu messen. Dies kann dabei helfen,
   Bereiche mit Verbesserungspotenzial zu identifizieren
   und die Gesamtbetriebseffizienz zu steigern.

2.1.2 Wie passt die Datendemokratisierung zusammen?

Unter Datendemokratisierung versteht man den Prozess,
Daten für jeden innerhalb einer Organisation zugänglich zu
machen. Im herkömmlichen Aufbau haben nur bestimmte
Personen oder Abteilungen (häufig Datenwissenschaftler
oder IT-Teams) Zugriff auf die Daten der Organisation.
Dadurch wird es für andere Teams schwierig, schnell auf
Daten zuzugreifen, was sie daran hindert, zeitnah
datengesteuerte Entscheidungen zu treffen.

Die Demokratisierung von Daten beseitigt diese Barrieren
und ermöglicht den Zugriff auf Daten für alle, unabhängig
von ihren technischen Fähigkeiten. Das bedeutet nicht nur,
jedem freien Zugang zu Rohdaten zu gewähren; Dabei geht
es um die Bereitstellung benutzerfreundlicher Tools und
Plattformen, die es technisch nicht versierten Benutzern
ermöglichen, Daten auf sinnvolle Weise zu erkunden und
zu verstehen. Indem Unternehmen jedem in einer
Organisation den Zugriff auf und die Interpretation von
Daten ermöglichen, können sie eine Datenkultur fördern,
die Best Practices bei der Datennutzung fördert, was zu
einer fundierteren Entscheidungsfindung auf allen Ebenen
der Organisation führt.

2.1 Die Zusammensetzung von Daten verstehen

Der erste Schritt bei der Verwaltung einer Ressource besteht
darin, ihre Natur zu verstehen. Das Gleiche gilt für Daten.
Aus dieser Perspektive ist es wichtig zu erkennen, dass
Daten an sich neutral sind. Dabei handelt es sich um
Rohdaten oder Statistiken, die während des Betriebs oder
der Forschung erhoben werden. Sie kann verschiedene
Formen annehmen, sei es qualitativ (beschreibende
Informationen) oder quantitativ (numerische Informationen),
strukturiert (organisiert) oder unstrukturiert (zufällig). Die
Interpretation dieser Sacheinheiten bietet das Potenzial für
umsetzbare Erkenntnisse, strategischen Wert und Business
Intelligence.

2.1.1 Datentypen

Es gibt zwei Hauptkategorien von Daten: qualitative und
quantitative. **Qualitative Daten** sind beschreibend und

befassen sich mit Qualitäten und nicht mit Zahlen. Diese Daten werden in der Regel aus Interviews, schriftlichen oder gesprochenen Erzählungen, Fotos und Videos extrahiert.

Quantitative Daten hingegen sind numerisch und konzentrieren sich auf Zählungen oder Bewertungen. Sie können direkt gemessen und leicht identifiziert werden. Unternehmen verwenden häufig quantitative Daten, um fundierte Entscheidungen zu treffen, da solche Daten wahrscheinlich fester und statischer sind und konkrete messbare Fakten wie Finanzkennzahlen und Marktgrößen liefern.

2.1.2 Strukturierte vs. unstrukturierte Daten

Strukturierte Daten beziehen sich auf Daten, die in einem festen Feld innerhalb einer Datei vorhanden sind. Sie sind normalerweise in einem tabellarischen Format organisiert, wobei die Informationen in Spalten und Zeilen gespeichert sind. Beispiele hierfür sind Tabellenkalkulationen oder relationale Datenbanken.

unstrukturierten Daten um Daten, die keinem für Big Data vorgegebenen Format folgen. Die Form kann textlastig sein und Datums-, Uhrzeit- und Ortsstempel enthalten. Gängige Beispiele sind E-Mails, Social-Media-Beiträge und wissenschaftliche Daten.

Das Verständnis der verschiedenen Datentypen hilft Unternehmen, ihre Analysevorgänge zu optimieren und verleiht ihrem Wissen mehr Tiefe und Vielfalt.

2.1.3 Rolle von Daten bei der Entscheidungsfindung

Die Rolle von Daten in Organisationen ist weitaus wichtiger denn je, da sie eine Grundlage bilden, die über Erfolg oder Misserfolg von Entscheidungen entscheiden kann. Die Nutzung von Daten kann eine Fülle von Erkenntnissen liefern und Muster und Trends erkennen, die als Grundlage für strategische Entscheidungen dienen. Es ist von entscheidender Bedeutung für die Verbesserung von Abläufen und ermöglicht Effizienz und Effektivität im Entscheidungsprozess.

2.1.4 Daten in Informationen und Wissen umwandeln

Daten in ihrer reinsten Form können bedeutungslos erscheinen. Wenn sie jedoch verarbeitet, organisiert, strukturiert oder interpretiert werden, um sie sinnvoll oder nützlich zu machen, werden sie zu Informationen. Wenn diese Informationen mit anderen Informationen kombiniert werden, entsteht Wissen.

Dies unterstreicht jedoch, wie wichtig es für ein Unternehmen ist, geeignete Datenmanagement- und Analysetools einzuführen. Mit den richtigen Tools können Unternehmen eine Flut an Daten in fundierte Entscheidungen, solide Pläne und Strategien, verbesserte Abläufe und letztendlich eine umfassendere Vision und Erfolg umwandeln.

Daher ist die Entschlüsselung dessen, was Daten sind und welche Arten sie haben, der Grundstein, um ihre Bedeutung zu verstehen. Es ist eine Reise von Rohdaten zur Weisheit, die die Phasen des Verständnisses ihrer verschiedenen Formen, der Verarbeitung dieser Daten in aussagekräftige Informationen und der anschließenden Nutzung der abgeleiteten Erkenntnisse für intelligente, datengesteuerte Entscheidungen durchläuft.

In den nächsten Kapiteln werden wir uns eingehender mit den Strategien für ein effektives Datenmanagement befassen und wie Sie Daten demokratisieren und zur Stärkung Ihres Unternehmens nutzen können. Aber die ersten Lektionen beginnen damit, Daten zu verstehen und ihre entscheidende Bedeutung zu erkennen.

2.1 Big Data verstehen: Der Treibstoff des Informationszeitalters

In unserer digitalisierten Welt ist es nahezu unmöglich, einen Tag ohne Interaktion mit Daten zu verbringen, ob wir uns dessen bewusst sind oder nicht. Nachrichten auf unseren Smartphones, E-Mails, Surfen im Internet, Online-Transaktionen und Social-Media-Aktivitäten – all dies trägt zu der kolossalen Informationslawine bei, die wir „Big Data" nennen.

2.1.1 Was ist Big Data?

Für die meisten scheint sich der Begriff „Big Data" lediglich auf eine große Datenmenge zu beziehen. Obwohl der Begriff im Allgemeinen zutreffend ist, handelt es sich tatsächlich um ein mehrdimensionales Konzept. Unter Big Data versteht man in der Regel Datensätze, die so groß und komplex sind, dass sie mit herkömmlicher Datenverarbeitungssoftware nicht verwaltet werden können. Diese Datensätze zeichnen sich durch drei Schlüsselattribute aus, die oft als „3Vs" bezeichnet werden:

1. **Volumen:** Dies bezieht sich auf die schiere Größe der Daten, die jede Sekunde generiert werden. Allein in den letzten zwei Jahren wurden 90 % der weltweiten Daten erzeugt, wobei Unternehmen,

wissenschaftliche Forschungen, Social-Media-Plattformen und IoT-Geräte täglich Exabytes an Daten generieren.

2. **Geschwindigkeit:** Dies betrifft die Geschwindigkeit, mit der neue Daten erzeugt werden, und die Geschwindigkeit, mit der sich Daten von einem Punkt zum nächsten bewegen. Im Zeitalter der Echtzeitinformationen werden Daten schnell generiert, gesammelt und analysiert – oft innerhalb von Sekunden.

3. **Vielfalt:** Wie der Name schon sagt, spiegelt diese Komponente die enorme Vielfalt der verfügbaren Datentypen wider. Daten können als strukturiert, halbstrukturiert oder unstrukturiert klassifiziert werden und reichen von numerischen Daten, Text, E-Mail, Video, Audio, Börsentickerdaten, Social-Media-Chatter und vielem mehr.

Darüber hinaus wurden im Laufe der Zeit zwei weitere Vs hinzugefügt – Veracity, um die Bedeutung der Datenqualität und -genauigkeit hervorzuheben, und Value, das den wirtschaftlichen Wert verschiedener Datenarten erhöht.

2.1.2 Die Bedeutung von Big Data

Die Einbeziehung von Big Data in Ihre Geschäftsabläufe ist von entscheidender Bedeutung – es ermöglicht Unternehmen, datengesteuerte Entscheidungen zu treffen, liefert tiefe Einblicke, fördert Innovationen und steigert die Kosteneffizienz.

1. **Datengesteuerte Entscheidungsfindung:** Traditionelle Entscheidungsprozesse beinhalten oft viele Vermutungen und Annahmen. Die Nutzung der Macht von Big Data ermöglicht es Unternehmen, Entscheidungen auf der Grundlage datengestützter

Beweise zu treffen, was zu genaueren und effektiveren Ergebnissen führt.

2. **Erkenntnisse und Vorhersagen:** Bei der Big-Data-Analyse werden große, unterschiedliche Datensätze untersucht, um verborgene Muster, Korrelationen, Markttrends, Kundenpräferenzen und andere nützliche Erkenntnisse aufzudecken. Diese Erkenntnisse können Unternehmen dann dabei helfen, zukünftige Trends und Verhaltensweisen vorherzusagen und so die strategische Planung zu verbessern.
3. **Innovation:** Big Data ist das Herzstück moderner digitaler Innovationen. Es ermöglicht ein tieferes Verständnis komplexer Phänomene und bietet eine Testumgebung für neue Techniken und Werkzeuge, wodurch Innovationen gefördert werden.
4. **Kosteneffizienz:** Der Einsatz von Big-Data-Technologien kann zu erheblichen Kostenvorteilen führen, wenn große Datenmengen gespeichert werden müssen, und diese Technologien können auch dabei helfen, effizientere Wege der Geschäftsabwicklung zu finden.

2.1.3 Demokratisierung von Big Data

Datendemokratisierung bedeutet, dass jeder Zugang zu Daten hat und es keine Gatekeeper gibt, die einen Engpass am Tor zu den Daten schaffen. Ziel ist es, dass jeder jederzeit Daten nutzen kann, um Entscheidungen zu treffen. Big Data zu demokratisieren bedeutet, Daten in die Hände der tatsächlichen Entscheidungsträger zu legen und sie zu befähigen, sie zu nutzen.

Die Demokratisierung von Big Data birgt ein immenses Potenzial für Organisationen. Wenn jeder innerhalb einer Organisation Zugriff auf Daten hat, ermöglicht dies eine umfassendere Verbreitung von Erkenntnissen, fördert die Beteiligungskultur und ermöglicht eine fundiertere Entscheidungsfindung auf allen Ebenen. Dennoch bringt die Demokratisierung ihre eigenen Herausforderungen mit sich, wie z. B. die Wahrung der Datensicherheit und des Datenschutzes, der Datenkompetenz usw., die strategisch angegangen werden müssen.

Zusammenfassend lässt sich sagen, dass das Verständnis der Grundlagen von Big Data die Grundlage für die Datendemokratisierung ist. Durch das Verständnis der Natur und Bedeutung von Big Data können Unternehmen dann eine datengesteuerte Kultur fördern, in der alle Mitarbeiter die Möglichkeit haben, Daten in ihren Entscheidungsprozessen zu nutzen, was erhebliche Vorteile und einen Wettbewerbsvorteil im datengesteuerten Zeitalter sichert.

3. Die Entwicklung der Datendemokratisierung im digitalen Zeitalter

Die kognitive Revolution: Wie Big Data und KI den Datenzugriff demokratisieren

Während wir uns mit der Entwicklung der Datendemokratisierung im digitalen Zeitalter befassen, ist es von entscheidender Bedeutung, zwei wesentliche Komponenten dieser Erzählung zu untersuchen: Big Data und künstliche Intelligenz (KI). Die Fortschritte in diesen

Bereichen haben wesentlich dazu beigetragen, die Zugänglichkeit, das Verständnis und die Nutzung einer Vielzahl von Daten zu erweitern. Diese Umwandlung der Informationsfülle in verständliches Wissen wird als „kognitive Revolution" bezeichnet.

Big Data: Maßstab und Umfang der Datenzugänglichkeit neu definieren

Unter Big Data versteht man nicht nur große Datenmengen. Es verkörpert im Wesentlichen einen Ansatz zur Bewältigung des immer umfangreicheren, komplexeren und vielfältigeren Informationsflusses. Dieses Phänomen hat die Landschaft verändert, in der Daten traditionell genutzt und verwaltet wurden. In der Vergangenheit wurden Daten typischerweise in Silos verarbeitet, wobei nur wenige Auserwählte innerhalb einer Organisation Zugriff auf diese Informationen hatten. Das Aufkommen von Big-Data-Technologien ermöglichte es Unternehmen jedoch, diese internen Barrieren abzubauen und Mitarbeitern auf allen Ebenen die Möglichkeit zu geben, nach eigenem Ermessen auf Informationen zuzugreifen und diese zu nutzen. Diese Demokratisierung von Daten hat zur Förderung innovativer Erkenntnisse, fundierter Entscheidungsprozesse und einer insgesamt verbesserten Geschäftseffizienz geführt.

Künstliche Intelligenz: Das Unverständliche verstehen

Während Big Data einen beispiellosen Umfang und Umfang der Datenzugänglichkeit bietet, stellen die schiere Menge und Komplexität der Daten oft eine erhebliche Herausforderung dar. Obwohl die Daten verfügbar sind, können sie oft überlaufen und selbst die erfahrensten Analysten verwirren, wenn ihnen die notwendigen

Werkzeuge fehlen, um sie zu verstehen. Hier kommt KI ins Spiel.

KI mit ihrer Fähigkeit, menschliche Intelligenzprozesse nachzuahmen, ist der Schlüssel zum Verständnis und zur Interpretation der riesigen und komplexen Daten, die jeden Tag generiert werden. Maschinelles Lernen, eine Teilmenge der KI, ermöglicht es Computern, ohne explizite Programmierung aus Daten zu lernen und diese zu interpretieren. Diese Technologien helfen nicht nur bei der Analyse und Interpretation von Daten, sondern auch bei der Vorhersage zukünftiger Ergebnisse.

KI-gesteuerte Analysetools und Algorithmen für maschinelles Lernen können den Zeit- und Arbeitsaufwand für die Gewinnung von Erkenntnissen aus großen Datenmengen drastisch reduzieren. KI und ML können außerdem bei der Erkennung von Mustern und Korrelationen helfen, die bei der menschlichen Analyse möglicherweise übersehen werden, und ermöglichen so ein genaueres Verständnis der Daten. Diese Automatisierung des Datenverständnisses macht es auch für Nicht-Datenexperten zugänglich und nutzbar und erweitert so den demokratischen Handlungsspielraum.

Der Zusammenfluss von Big Data und KI

Die Integration von Big Data und KI ist wie passende Teile eines Puzzles und befasst sich sowohl mit der Zugänglichkeit als auch mit der Verständlichkeit von Daten. Den Rohstoff dafür liefern Big Data, also umfangreiche Datenmengen, die aus unterschiedlichen Quellen generiert werden. Im Gegensatz dazu bringt KI die Werkzeuge – wie maschinelles Lernen und Verarbeitung natürlicher Sprache – mit, um diese Daten zu interpretieren, Erkenntnisse abzuleiten und zukünftige Trends vorherzusagen.

Organisationen, die die Kraft beider nutzen, können ein Ökosystem fördern, in dem Daten nicht nur für alle zugänglich, sondern auch weniger abschreckend und entgegenkommender sind. Tools wie BI-Plattformen mit integrierter KI-Funktionalität, Datenvisualisierungs-Dashboards und Algorithmen für maschinelles Lernen können Daten in aussagekräftige, umsetzbare Erkenntnisse umwandeln, die auch technisch nicht versierte Benutzer verstehen und nutzen können. Diese Verschmelzung von Technologien treibt die Datendemokratisierung voran, beseitigt die mit Daten verbundene Exklusivität und verteilt ihre Macht auf alle Ebenen der Organisation.

Schlussbemerkung: Herausforderungen und ethische Überlegungen

Die kognitive Revolution ist zwar vielversprechend, bringt aber auch eine Reihe von Herausforderungen mit sich. Datenschutz, Sicherheitsverstöße, die Sichtbarkeit proprietärer Daten und der gefürchtete „Black-Box"-Charakter von KI-Systemen sind nur einige davon. Die Bewältigung dieser Hürden ist daher ebenso integraler Bestandteil der Datendemokratisierungserzählung wie die Entwicklung und Implementierung dieser Technologien.

Daten als wesentliches Gut zu erkennen und in deren Demokratisierung zu investieren, ist der erste Schritt in eine datengesteuerte Zukunft. Mit den richtigen Praktiken und Technologien können Unternehmen ihre Mitarbeiter stärken, Innovationen fördern und letztendlich ihre Wettbewerbsfähigkeit am Markt sicherstellen. Die kognitive Revolution markiert den Beginn verständlicherer, zugänglicherer und demokratischerer Daten, gesteuert durch die technologischen Fortschritte des digitalen Zeitalters.

3.1 Datendemokratisierung verstehen

Grundlage der Datendemokratisierung ist die Ideologie, dass digitale Informationen für jedermann zugänglich und verständlich sind, nicht nur für das obere Management oder IT-Experten. Heutige Geschäftsumgebungen erfordern datengestützte Entscheidungen, sodass jedes Mitglied der Organisation die Informationen verstehen und analysieren muss.

3.1.1 Der Wandel von der Datenmonarchie zur Datendemokratie

Ursprünglich befanden sich die Daten in den Händen einiger Weniger in einer Organisation, ein System, das gemeinhin als „Datenmonarchie" bezeichnet wird. Daten wurden typischerweise in Data Warehouses gespeichert und von Geschäftsanalysten und anderen Datenexperten genutzt, die die Erkenntnisse dann dem Rest des Unternehmens weitergaben. Dies führte jedoch zu einer Verzögerung der Entscheidungsfindung und birgt die Möglichkeit einer Fehlinterpretation aufgrund der Kommunikation Dritter.

Das Aufkommen neuer Technologien und Tools wie Big Data und Analysen hat den Übergang zur „Datendemokratie" vorangetrieben, bei der Mitglieder einer Organisation direkt auf Daten zugreifen, diese analysieren und nutzen können. Dieser Wandel spielte eine wichtige Rolle bei der Schaffung einer datenzentrierten Kultur in vielen Unternehmen.

3.1.2 Aufstieg von Big Data und Analytics

Das Aufkommen von Big Data und Analytics führte zu neuen Datendimensionen, die zuvor nicht erfasst werden konnten. Es wurden unstrukturierte Daten aus sozialen Medien, Videos und Online-Bewertungen erfasst, was Unternehmen eine Fülle an Erkenntnissen eröffnete, die sie nutzen konnten.

Datenanalysetools wurden immer ausgefeilter, da sie begannen, maschinelles Lernen und KI-Algorithmen zu integrieren, um Trends und Muster vorherzusagen. Diese Tools sind jetzt benutzerfreundlich gestaltet, wodurch ihre Komplexität verringert wird und sie auch von technisch nicht versiertem Personal verwendet werden können.

3.1.3 Entwicklung von Datenvisualisierungstools

Im letzten Jahrzehnt gab es eine bedeutende Entwicklung bei den Datenvisualisierungstools. Diese Tools ermöglichten es Benutzern, komplexe Daten visuell zu erfassen und Muster, Trends und Korrelationen schnell zu erkennen. Power BI von Microsoft, Tableau und Data Studio von Google sind einige Beispiele dieser Tools, die Analysen für ein breiteres Publikum leicht verständlich machten.

Tools wie diese demokratisieren Daten, indem sie sie leicht erkennbar und damit umsetzbar machen. Mitarbeiter können schnellere und fundiertere Entscheidungen auf der Grundlage eigennütziger Erkenntnisse treffen, anstatt sich auf Datenspezialisten zu verlassen.

3.1.4 Rolle von Cloud Computing

Cloud Computing hat wesentlich zur Demokratisierung von Daten beigetragen. Dadurch entfällt für Unternehmen die Notwendigkeit, eine umständliche Infrastruktur zu unterhalten, sodass sie Daten kostengünstiger speichern und verarbeiten können.

Cloudbasierte Plattformen ermöglichten es Unternehmen, große Datenmengen aus der Ferne zu speichern, auf die dann autorisierte Benutzer unabhängig von ihrem Standort zugreifen konnten. Mitarbeiter können benötigte Daten jederzeit abrufen und so ihre Effizienz steigern.

3.1.5 Die Auswirkungen von Datenschutzbestimmungen

Obwohl die Datendemokratisierung den freien Zugriff auf Daten in einer Organisation ermöglicht, bleibt die Wahrung von Datenschutz und Sicherheit ein zentrales Anliegen. Vorschriften wie die Datenschutz-Grundverordnung (DSGVO) in Europa und der California Consumer Privacy Act (CCPA) unterstreichen die Bedeutung der Sicherung und des Schutzes der Daten einer Person.

Dennoch haben diese Vorschriften das Wachstum der Datendemokratisierung nicht behindert, sondern Organisationen gezwungen, sichere Richtlinien und Praktiken für die Datenverwaltung zu entwickeln.

3.2 Die Zukunft der Datendemokratisierung

Angesichts der Fortschritte in der Technologie und des kontinuierlichen Wachstums der Automatisierung sieht die Zukunft der Datendemokratisierung vielversprechend aus. Der Schwerpunkt wird auf der Entwicklung intuitiverer Tools liegen, die bessere Einblicke bieten und gleichzeitig strenge Datenschutz- und Sicherheitsstandards gewährleisten.

Es liegt in der Verantwortung jedes Unternehmens, eine Datenkultur einzuführen, um in dieser datengesteuerten Welt relevant zu bleiben. Durch die Demokratisierung von Daten können Unternehmen Innovationen fördern, die Entscheidungsfindung beschleunigen und letztendlich ein wettbewerbsfähigeres Geschäftsmodell entwickeln. Man kann mit Sicherheit sagen, dass Unternehmen, die sich für die Datendemokratisierung einsetzen, in Zukunft einen deutlichen Vorsprung haben werden.

Wir befinden uns an einem spannenden Scheideweg, an dem die Datendemokratisierung gleichzeitig zu einer Notwendigkeit, einer Norm und einem Katalysator für Innovation wird. Die Saat der heutigen Datendemokratie ist bereit, in einer Zukunft zu erblühen, in der Daten nicht nur für jeden verfügbar sind, sondern auch von allen verstanden und analysiert werden, was eine neue Ära exponentiellen Wachstums und Chancen einleitet.

3.1 Datendemokratisierung verstehen

Datendemokratisierung ist, wie der Begriff schon sagt, die Demokratisierung oder Angleichung des Datenzugriffs innerhalb einer Organisation. Traditionell waren Daten wie ein geheimer Vermögenswert, der nur einigen wenigen Teams oder Einzelpersonen in einer Organisation bekannt war und auf die sie zugreifen konnten. Entscheidungsträger und höhere Beamte waren die Hauptakteure, die diese Daten kontrollierten und nutzten. Mit der Weiterentwicklung der Branchen und dem Aufkommen des digitalen Zeitalters reichte es jedoch nicht aus, sich bei der Dateninterpretation ausschließlich auf einige wenige Auserwählte zu verlassen, um den wachsenden Geschäftsanforderungen gerecht zu werden. Dies markierte die Entstehung und Integration der Datendemokratisierung in Geschäftsstrategien.

Datendemokratisierung bedeutet, dass jeder Zugang zu Daten hat und es keine Gatekeeper gibt, die einen Engpass am Tor zu den Daten schaffen. Es erfordert, dass die Daten für alle in einem Format verfügbar und zugänglich sind, das verständlich und nutzbar ist, und dass diejenigen, die darauf zugreifen, gemeinsam vertrauen und die Datenverantwortung teilen.

3.1.1 Entwicklung der Datendemokratisierung

Das Konzept der Datendemokratisierung ist nicht ganz neu. Mit dem Aufkommen des ersten mechanischen Computers im 19. Jahrhundert und dem Aufkommen moderner Computer Anfang und Mitte des 20. Jahrhunderts begannen Daten aus handgeschriebenen physischen Dokumenten zu verschwinden und einen Platz in der digitalen Welt zu finden.

Das Zeitalter des Internets rückte Daten ins Rampenlicht. Daten waren nicht mehr nur ein Hintergrundakteur. Es war die Führungskraft und leitete die wichtigsten Geschäftsstrategien. In den frühen 2000er-Jahren bis 2010 kam es zu einem explosionsartigen Anstieg der Datenerstellung und -speicherung. Mit diesem plötzlichen Ausbruch erkannten Unternehmen schnell den Wert von Daten. Dies führte zu einem Engpassproblem, bei dem nur der Auserwählte – Datenwissenschaftler oder IT-Experten – auf die Daten zugreifen und diese interpretieren konnte.

Kundenorientierte Produkte und Dienstleistungen waren das Gebot der Stunde, und diese Dateninterpreter konnten dieser wachsenden Nachfrage nicht zeitnah gerecht werden. Schließlich erkannten Unternehmen die Dringlichkeit, Daten zu demokratisieren. Sie begannen mit dem Übergang von

einem zentralisierten Datenverwaltungsrahmen zu einem
dezentralen. Technologien wie Cloud Computing, Big Data
und IoT fungierten als Katalysatoren auf diesem Weg zur
Datendemokratisierung.

3.1.2 Die Auswirkungen der Datendemokratisierung

Als sich die Datenlandschaft weiter weiterentwickelte,
begannen Unternehmen die erheblichen Vorteile der
Datendemokratisierung zu verstehen. Erkenntnisse aus
Daten waren nicht länger das Privileg bestimmter Rollen
oder Teams, sondern eine Ressource für alle im gesamten
Unternehmen.

Wenn Daten demokratisiert werden, können sie es
Mitarbeitern ermöglichen, fundierte strategische
Entscheidungen zu treffen, Innovationen zu fördern, die
Kundenzufriedenheit zu erhöhen und die allgemeine
Geschäftsleistung zu verbessern. Indem Organisationen
Einzelpersonen Zugang zu Daten und Analysetools
gewähren, können sie ein integrativeres, informierteres und
stärker befähigtes Arbeitsumfeld fördern.

3.1.3 Herausforderungen bei der Datendemokratisierung

Obwohl die Datendemokratisierung viele Vorteile verspricht,
ist sie nicht ohne Herausforderungen. Die größte Sorge gilt
der Datensicherheit und dem Datenschutz, da der
uneingeschränkte Zugriff auf Daten das Risiko von
Missbrauch und Verstößen birgt. Ein weiteres Thema ist die
Sicherstellung der Datenqualität. Da Daten aus
verschiedenen Quellen eingehen, ist es von entscheidender

Bedeutung, deren Genauigkeit und Konsistenz zu gewährleisten.

Der kulturelle Wandel, den die Datendemokratisierung mit sich bringt, ist eine weitere Herausforderung, die es zu bewältigen gilt. Um jeden Einzelnen und jede Abteilung davon zu überzeugen, wie wichtig es ist, Daten verantwortungsvoll zu nutzen und zu verwalten, ist eine starke Führung erforderlich.

Mit Blick auf die Zukunft ist die Datendemokratisierung mehr als nur ein vorübergehender Trend. Es ist der Grundstein der datengesteuerten Organisation von morgen. Obwohl der Weg zur vollständigen Datendemokratisierung eine Herausforderung sein könnte, machen die Ergebnisse – geschäftliche Agilität, schnelle Entscheidungsfindung, Innovation, Kundenzufriedenheit und allgemeines Wachstum – den Weg lohnenswert.

3.1 Die Wurzeln und das Wachstum der Datendemokratisierung verstehen

Um sich über den Fortschritt der Datendemokratisierung zu informieren, ist es wichtig, das Konzept von seinen Wurzeln her zu verstehen. Datendemokratisierung ist der Prozess, der dazu führt, dass Daten für alle zugänglich sind, unabhängig von ihrem Fachwissen oder ihrer hierarchischen Position. Dieses Prinzip war in Geschäftsmechanismen bis vor einigen Jahrzehnten nahezu unbekannt. Daten galten als plausibler Vermögenswert und waren ausschließlich Eigentum der IT-Abteilungen. Nicht-technisches Personal war in der Regel auf Datenwissenschaftler angewiesen, um relevante Daten zu extrahieren, zu analysieren und zu interpretieren. Dieses Protokoll verzögerte häufig den Entscheidungsprozess und führte zu einer erheblichen

Lücke zwischen der Datensammlung und der Umsetzung seiner Erkenntnisse.

Die Entstehung des digitalen Zeitalters trieb technologische Fortschritte voran, die letztendlich den Grundstein für die Datendemokratisierung legten. Diese Entwicklung lässt sich auf die „Wissensdemokratisierung" zurückführen, deren Wiege das heute allgegenwärtige Internet war.

3.1.1 Der Aufstieg des Internets

Das Aufkommen des Internets war der erste wirkliche Schritt zur Demokratisierung des Wissens. Es machte Entfernungen irrelevant und bot Informationen sofort an. Suchmaschinen, Online-Datenbanken und digitale Bibliotheken ermöglichten den sofortigen Zugriff auf eine Vielzahl von Informationen. Die Demokratisierung des Wissens war der Auftakt zur Demokratisierung der Daten und gab den Grundstein für eine vernetzte Welt, in der Daten unabhängig von geografischen Grenzen geteilt und abgerufen werden konnten.

3.1.2 Auswirkungen der Technologie

Gleichzeitig gingen Fortschritte in der Informationstechnologie mit dem Aufstieg digitaler Daten einher und stellten die Werkzeuge bereit, die zur Erfassung, Speicherung und Analyse immer größerer Datenmengen erforderlich sind. In früheren Phasen stellte die Datenspeicherung eine große Herausforderung dar, aber die Einführung cloudbasierter Speicherlösungen trug maßgeblich zur Überwindung dieses Hindernisses bei und führte zu einer weit verbreiteten Einführung der Datendemokratisierung.

3.1.3 Entstehung von Big Data

Das Aufkommen von Big Data hat die Notwendigkeit einer
Datendemokratie noch verstärkt. Da das Volumen, die
Vielfalt und die Geschwindigkeit der Daten immer größer
wurden, erkannten Unternehmen die Notwendigkeit, den
Datenzugriff auf alle ihre Mitarbeiter auszudehnen und damit
die traditionelle Methode der isolierten Datenverteilung von
oben nach unten zu durchbrechen. Dies führte zu einem
Paradigmenwechsel hin zur Demokratisierung von Daten,
der Mitarbeitern auf allen Ebenen direkten Zugriff auf Daten
ermöglicht.

3.1.4 Das gegenwärtige Szenario

Heutzutage nimmt die Datendemokratisierung Fahrt auf, und
viele Unternehmen integrieren dieses Paradigma in ihre
Kernstrategie. Innovative Technologien wie künstliche
Intelligenz, maschinelles Lernen und prädiktive Analysen
verfeinern diesen Wandel, indem sie Dateneinblicke liefern,
die unglaublich präzise und umsetzbar sind.

Die Datendemokratisierung im digitalen Zeitalter ist zu einer
gewaltigen Transformationskraft für Unternehmen geworden.
Obwohl die potenziellen Vorteile enorm sind, bringt es auch
einzigartige Herausforderungen mit sich und verlangt von
Unternehmen, Veränderungen systematisch umzusetzen. In
den folgenden Abschnitten dieses Buches werden die
Chancen, Herausforderungen und Zukunftsaussichten der
Datendemokratisierung weiter untersucht.

3.1 Der Beginn des digitalen Informationszeitalters

Der Aufstieg der digitalen Technologie hat die Art und
Weise, wie Unternehmen mit Daten interagieren,
revolutioniert. Dieses Zeitalter, das insbesondere als
„Informationszeitalter" bezeichnet wird, hat es Unternehmen
ermöglicht, eine noch nie dagewesene Menge an Daten zu
verarbeiten und so ein immenses Potenzial in verschiedenen
Sektoren freizusetzen. Im Gegensatz zu früheren Zeiten, in
denen Daten nur einer ausgewählten Gruppe von
Einzelpersonen oder Abteilungen vorbehalten waren, hat
das digitale Zeitalter den Weg für einen demokratischeren
Zugang zu Daten geebnet.

Die Entwicklung der Datendemokratisierung im digitalen
Zeitalter ist von drei entscheidenden Phasen geprägt:
Digitalisierung, Verschleierung und Demokratisierung.

3.1.1 Digitalisierung

Die erste Stufe dieser Entwicklung war die Umwandlung
analoger Daten in digitale Formate. Dieser Übergang stellte
einen bedeutenden Paradigmenwechsel dar, da er zur
Erstellung von mehr Daten in kürzerer Zeit führte. Die
Digitalisierung umfasste die Entwicklung digitaler
Datenformate, die sich leicht reproduzieren, verteilen und
speichern ließen und es Unternehmen so ermöglichten,
umfangreiche Informationsdatenbanken zu erstellen, die als
Grundlage für die nachfolgenden Phasen dienten.

3.1.2 Verstellung

Die Verstellungsphase bedeutet den Zusammenbruch
strenger hierarchischer Strukturen, die traditionell den
Datenzugriff überwachten. Zuvor standen Daten größtenteils
einer Elitegruppe von Datenanalysten und Wissenschaftlern
zur Verfügung, was sie zu einer exklusiven Ressource
machte. Diese Entwicklungsstufe zielte darauf ab, diese

Barrieren abzubauen und auf ein umfassenderes Rahmenwerk für den Datenzugriff zu drängen. Moderne Unternehmen begannen zu erkennen, dass die Beschränkung der Daten auf eine ausgewählte Personengruppe ein suboptimaler Ansatz war, der Innovation und Kreativität einschränkte.

3.1.3 Demokratisierung

Die Demokratisierung von Daten bezieht sich auf den Prozess, bei dem Daten für jeden in einer Organisation zugänglich gemacht werden, unabhängig von technischem Fachwissen oder Dienstalter. Der demokratisierte Datenzugriff befähigt Mitarbeiter auf allen Ebenen, indem er ihnen Ressourcen und Tools zur unabhängigen Nutzung von Daten zur Verfügung stellt. Diese Phase stellt den Höhepunkt des Evolutionsprozesses dar, wobei Daten nun eine allgemein verfügbare Ressource sind, die auf allen Ebenen und in allen Abteilungen genutzt werden kann.

Diese Demokratisierungsreise wurde durch mehrere technologische Fortschritte unterstützt. Big-Data-Technologien halfen bei der Verarbeitung und Analyse großer Datenmengen, während cloudbasierte Plattformen eine flexiblere und breitere Datenverteilung ermöglichten. Techniken der künstlichen Intelligenz und des maschinellen Lernens trugen dazu bei, Analysen zu automatisieren und Einblicke und Vorhersagen in Echtzeit zu liefern. Visualisierungstools erweckten Daten zum Leben und machten sie für Personen in nicht-technischen Rollen verständlich.

Die Demokratisierung von Daten im digitalen Zeitalter hat Daten letztlich von einem maßgeblichen Werkzeug in ein kooperatives Werkzeug verwandelt und einen fundierteren

Entscheidungsprozess ermöglicht, der zu einer allgemeinen Stärkung der Organisation führt.

Im Wesentlichen hat die Datendemokratisierung im digitalen Zeitalter die traditionelle Machtstruktur, die den Datenzugriff diktierte, neu definiert. Daten sind nicht länger ein Privileg einiger weniger; Stattdessen ist es ein mächtiges Werkzeug in den Händen vieler. Diese Revolution hat auf jeder Ebene der Organisation Intelligenz eingeführt und eine Kultur der Innovation, des gegenseitigen Wertes und eines umfassenderen Verständnisses der komplexen Datenumgebung gefördert. In den folgenden Teilen dieses Buches werden wir die Vorteile der Datendemokratisierung im Detail untersuchen.

4. Förderung einer datengesteuerten Organisationskultur

4.1 Betonung der Bedeutung der Datenkompetenz

Datenkompetenz ist ein grundlegender Aspekt bei der Förderung einer datengesteuerten Organisationskultur. Wie bei der traditionellen Alphabetisierung, die die Fähigkeit zum Lesen und Schreiben bezeichnet, geht es bei der Datenkompetenz um die Fähigkeit, Daten zu lesen, zu interpretieren, zu verstehen und mit ihnen zu argumentieren. Eine Person mit Datenkompetenz sollte in der Lage sein, zwischen guten und schlechten Daten zu unterscheiden, Diagramme und Grafiken zu interpretieren, kritische Fragen zu Daten zu stellen, aussagekräftige Erkenntnisse zu gewinnen und die Leistungsfähigkeit datengesteuerter Entscheidungsfindung zu schätzen.

Viele Unternehmen überspringen den entscheidenden
Schritt der Förderung der Datenkompetenz und stürzen sich
auf die Implementierung von Datenverfolgungstools oder die
Zusammenstellung von Data-Science-Teams, stehen dann
aber vor der Herausforderung, fruchtbare Erkenntnisse zu
gewinnen oder eine signifikante Zustimmung des Teams zu
erreichen. Dies liegt vor allem daran, dass es bei der
Datenkompetenz nicht nur um eine Person oder eine
Gruppe von Datenwissenschaftlern geht. Es geht darum,
eine Umgebung zu schaffen, in der jeder in der Organisation
das Potenzial der vorhandenen Daten versteht und sich
dazu verpflichtet, sie für Geschäftsentscheidungen zu
nutzen.

Hier sind einige Schritte, die Unternehmen unternehmen
können, um ihre Datenkompetenz zu verbessern:

Kontinuierliche Schulung und Entwicklung : Durch die
Integration von Datenerziehung in die kontinuierliche
Schulung und Entwicklung wird innerhalb der Organisation
ein Muskel für Datenkompetenz geschaffen. Unternehmen
wie AirBnB haben ihre eigene Datenuniversität eingeführt,
die es Mitarbeitern ermöglicht, sich in ihrem eigenen Tempo
weiterzubilden und Daten zu verstehen, wodurch sie zu
einem integralen Bestandteil der Unternehmenskultur
werden.

Neugier und Fragen fördern : Die Förderung einer
datengesteuerten Kultur erfordert die Förderung eines
Umfelds, in dem sich Einzelpersonen wohl fühlen,
bestehende Annahmen zu hinterfragen und Entscheidungen
auf der Grundlage der Daten zu treffen. Dadurch werden die
Mitarbeiter in die Lage versetzt, sich besser mit Daten
auskennen zu können.

Fördern Sie die datenbasierte Entscheidungsfindung :
Entscheidungen auf der Grundlage des Bauchgefühls oder

der Hierarchie zu treffen, gehört der Vergangenheit an.
Unternehmen sollten betonen, dass jede wichtige
Entscheidung durch Daten gestützt werden sollte. Dadurch
wird eine Atmosphäre geschaffen, in der Analysen und
Erkenntnisse das Handeln bestimmen und nicht Meinungen
oder Vermutungen.

Demokratisieren Sie den Zugang zu Daten : Der Satz
„Wissen ist Macht" gilt umso mehr, wenn es um Daten geht.
Durch die Demokratisierung von Daten und die
Bereitstellung von Zugriff auf relevante Datensätze für jedes
Teammitglied (natürlich unter Wahrung sensibler oder
persönlicher Informationen) können Unternehmen die
Transparenz fördern und die Fähigkeit aller verbessern, die
Macht der Daten bei ihren täglichen Aufgaben zu nutzen.

Benennen Sie Daten-Champions : Um Dateninitiativen
voranzutreiben und andere auf ihrem Weg zum
Datenverständnis zu unterstützen, können Unternehmen die
Rolle von Daten-Champions schaffen. Diese Personen
können über verschiedene Abteilungen verteilt sein und
ihren Kollegen bei der Dateninterpretation helfen,
notwendige Schulungen anbieten und ein datengesteuertes
Ethos stärken.

Der Weg zur Datenkompetenz und schließlich zu einer
datenkulturierten Organisation kann entmutigend
erscheinen, aber mit den richtigen Strategien und Systemen
kann die Transformation nahtlos verlaufen. Denken Sie
daran, dass sich die Investition in den Aufbau eines
datenkompetenten und datengestützten Teams in Form
einer verbesserten Entscheidungsfindung, einer gesteigerten
Effizienz und letztendlich der Steigerung des
Geschäftserfolgs auszahlen kann.

4.1 Daten und ihre Bedeutung verstehen

Bevor wir uns mit den Schritten zur Schaffung einer datengesteuerten Kultur in Ihrem Unternehmen befassen, ist es wichtig zu verstehen, was Daten sind und warum sie wichtig sind. Daten sind Informationen, die zu Referenz- oder Analysezwecken gesammelt werden. Unternehmen sammeln Informationen, um diese zu analysieren und fundierte Entscheidungen zu treffen. Um Daten zu verstehen, müssen wir ihre beiden Hauptklassifizierungen verstehen: qualitative und quantitative Daten. Qualitative Daten sind beschreibend und umfassen Merkmale, die nicht gezählt werden können, während quantitative Daten gemessen und numerisch ausgedrückt werden können. Beide Arten von Daten spielen eine entscheidende Rolle im Geschäftsentscheidungsprozess.

In letzter Zeit nimmt die Bedeutung von Daten in Unternehmen rasant zu. Vorbei sind die Zeiten, in denen Organisationen Entscheidungen auf der Grundlage von Erfahrung und Intuition trafen. Mit dem Aufkommen von Big Data und Analysen können Unternehmen nun datenbasierte Entscheidungen treffen. Die Analyse von Daten hilft Unternehmen, ihre Kunden zu verstehen, ihre Produkte und Dienstleistungen zu verbessern, Kosten zu senken, Chancen zu erkennen, effektivere Marketingstrategien zu entwickeln, die Leistung zu verfolgen und Wettbewerber zu analysieren. In einer Welt, die sich rasant digitalisiert, erfordert jede Geschäftstransaktion die Erfassung und Interpretation von Daten. In einer solchen Welt kann Unwissenheit über Daten ein Weg zum Scheitern sein.

4.2 Übergang zu einer datengesteuerten Denkweise

Um eine datengesteuerte Kultur zu fördern, ist im gesamten Unternehmen ein Umdenken erforderlich. Mitarbeiter sollten dazu ermutigt werden, Entscheidungen auf der Grundlage von Daten statt persönlicher Erfahrung und Instinkt zu treffen. Dieser Wandel sollte vom Top-Management vorangetrieben werden, wobei Führungskräfte die Nutzung von Daten in allen Aspekten des Unternehmens fördern sollten. Das Ermutigen von Fragen, die nur durch Daten beantwortet werden können, kann diese Kultur weiter stärken.

Die Umorientierung der Mitarbeiter auf das Denken in Daten bedeutet, dass Manager den Ton angeben müssen, indem sie Daten in ihre Besprechungen, Präsentationen und alltäglichen Entscheidungen einbeziehen. Die wiederholte und konsistente Nutzung von Daten führt ein Unternehmen natürlich zu einer datengesteuerten Kultur.

4.3 Datenkompetenz: Aufklärung und Befähigung

Um Daten zu demokratisieren, ist es unerlässlich, in die Schulung und Schulung der Mitarbeiter zu investieren, damit sie sich mit Daten auskennen. Dies wird den Mitarbeitern nicht nur ein Gefühl für die Wichtigkeit von Daten vermitteln, sondern sie auch in die Lage versetzen, daraus nützliche Erkenntnisse zu gewinnen. Dies kann durch die Bereitstellung von Unterstützung in Form von Bildung, Schulung, Ressourcen und geeigneten datengesteuerten Tools erreicht werden.

Unternehmen müssen sicherstellen, dass Mitarbeiter auf allen Ebenen über die Fähigkeiten und Ressourcen verfügen, um Daten effektiv zu verstehen und zu nutzen. Dies kann eine Schulung in Datenanalyse, -interpretation und -visualisierung sowie den Umgang mit verschiedenen Toolsets für den Umgang mit Daten umfassen.

4.4 Daten in die Entscheidungsfindung einbeziehen

Daten sollten auf allen Ebenen der Organisation in den Entscheidungsprozess einbezogen werden. Unabhängig davon, ob es sich um strategische, taktische oder operative Entscheidungen handelt, können Daten wertvolle Erkenntnisse liefern, die als Grundlage für effiziente und sinnvolle Entscheidungen dienen. Durch die Nutzung von Daten zur Untermauerung ihrer Entscheidungen können Mitarbeiter den Entscheidungsprozess entmystifizieren und ihn transparenter und nachvollziehbarer machen.

4.5 Transparenz und Vertrauen aufbauen

Transparenz und Vertrauen spielen eine entscheidende Rolle bei der Förderung einer datengesteuerten Kultur. Es sollten Maßnahmen ergriffen werden, um das Vertrauen der Mitarbeiter in die Daten aufzubauen. Dazu gehört nicht nur die Bereitstellung genauer und konsistenter Daten, sondern auch die Sicherstellung, dass die Mitarbeiter verstehen, wie Daten erfasst, verarbeitet und analysiert werden.

Transparenz bei der Handhabung und Verarbeitung von Daten kann zu mehr Überzeugung von datenbasierten

Erkenntnissen führen und so zu einer stärkeren datengesteuerten Kultur führen.

4.6 Förderung des kollaborativen Ansatzes

Ein kollaborativer Ansatz kann den Übergang zu einer datengesteuerten Kultur weiter vorantreiben. Teams sollten ermutigt werden, zusammenzuarbeiten, um die Daten zu sammeln, zu analysieren, zu interpretieren und anzuwenden. Die abteilungsübergreifende Zusammenarbeit kann die Effektivität der genutzten Daten steigern und zu umfassenderen Erkenntnissen führen. Diese abteilungsübergreifende Zusammenarbeit stellt außerdem sicher, dass alle Aspekte eines Unternehmens in einem systematischen Ansatz mit einer gemeinsamen Sichtweise angegangen werden, um gemeinsame Ziele zu erreichen.

4.7 Kontinuierliche Bewertung und Verbesserung

Eine datengesteuerte Kultur ist kein einmaliger Wandel, sondern ein kontinuierlicher Prozess des Lernens, der Entwicklung und der Anpassung. Bei der Erfassung, Verwaltung und Interpretation von Daten gibt es immer Raum für Verbesserungen. Kontinuierliche Anpassungen und Verbesserungen können Unternehmen nicht nur über die neuesten Trends auf dem Laufenden halten, sondern auch die Dynamik einer datengesteuerten Kultur aufrechterhalten.

Die Entwicklung und Förderung einer datengesteuerten Organisationskultur ist daher keine Transformation über

Nacht, sondern ein mehrstufiger Prozess. Ziel ist es, Unternehmen in diesem dynamischen Geschäftsumfeld, das zunehmend auf Daten angewiesen ist, wettbewerbsfähig zu halten.

Unterabschnitt: 4.1 Schaffung einer Umgebung für datengesteuerte Entscheidungen

Einer der zentralen und entscheidenden Schritte zur Förderung einer datengesteuerten Organisationskultur ist die Schaffung eines Umfelds, das datengesteuerte Entscheidungen ermöglicht und fördert. Im Folgenden werden spezifische Strategien zur Erleichterung dieses Umfelds beschrieben.

4.1.1 Transparenz und Offenheit fördern

Transparenz im Umgang mit Daten bedeutet, dass jeder in einer Organisation Zugriff auf Daten hat, sie versteht und sie regelmäßig weitergibt. Mitarbeiter sollten sich wohl fühlen, Fragen zu stellen, Verbesserungen vorzuschlagen und sich offen über Daten und Erkenntnisse zu unterhalten. Diese Transparenz baut Barrieren ab, fördert die Kommunikation, stärkt das Vertrauen und fördert eine umfassendere Datennutzung.

Vorschlag: Erstellen Sie zunächst einen zentralen Datenhub, der allen Mitgliedern Zugriff auf Datenbestände bietet.

4.1.2 Datenkompetenz fördern

Unter Datenkompetenz versteht man die Fähigkeit, Daten zu lesen, mit ihnen zu arbeiten, sie zu analysieren und mit ihnen zu argumentieren. Damit Mitarbeiter Daten effektiv nutzen und interpretieren können, ist es von entscheidender Bedeutung, dass sie über Datenkompetenz verfügen.

Vorschlag: Investieren Sie in Bildungs- und Schulungsprogramme zur Datenkompetenz auf allen Ebenen und in allen Abteilungen.

4.1.3 Etablieren Sie eine klare Datenverwaltung

Data Governance trägt dazu bei, die Konsistenz, Integrität und Sicherheit der Daten sicherzustellen und deren Verfügbarkeit, Benutzerfreundlichkeit und Compliance zu verwalten. Dieses System klärt, wer aufgrund welcher Daten, in welchen Situationen und mit welchen Methoden Maßnahmen ergreifen kann.

Vorschlag: Formulieren Sie ein robustes Daten-Governance-Framework, das Rollen, Verantwortlichkeiten und Prozesse festlegt.

4.1.4 Fördern Sie die datengesteuerte Entscheidungsfindung

Um eine datengesteuerte Entscheidungsfindung zu fördern, müssen strategische Entscheidungen auf der Grundlage von Datenanalyse und -interpretation statt nur auf Intuition oder Beobachtung getroffen werden.

Vorschlag: Zeigen Sie regelmäßig, wie datengestützte Entscheidungsfindung zum Unternehmenserfolg geführt hat.

4.1.5 Die Nutzung von Daten anerkennen und belohnen

Die Verwendung von Daten sollte innerhalb der Organisation protokolliert, anerkannt und honoriert werden. Dieses Gesetz fördert eine stärkere Datennutzung und schafft eine Kultur, in der Daten im Mittelpunkt strategischer und operativer Entscheidungen stehen.

Vorschlag: Bauen Sie ein Anerkennungs- oder Belohnungssystem für Mitarbeiter auf, die Daten effektiv nutzen.

4.1.6 Fördern Sie eine Test- und Lernmentalität

Wenn eine Organisation mit Daten umgeht, sind Fehler unvermeidlich – aber sie müssen nicht negativ sein. Ermutigen Sie Ihre Mitarbeiter, diese Momente als Gelegenheiten zum Lernen, Verfeinern und erneuten Versuchen zu betrachten.

Vorschlag: Ermutigen Sie zu Experimenten und Tests und seien Sie offen gegenüber Misserfolgen.

4.1.7 Seien Sie geduldig und beharrlich

Die Transformation zu einer datengesteuerten Organisation ist ein langwieriger und komplexer Prozess, der Geduld und betriebliche Anpassungen erfordert. Wichtig ist, dass eine starke Führung erforderlich ist, um die Dynamik aufrechtzuerhalten und den kulturellen Wandel zu steuern.

Vorschlag: Üben Sie und betonen Sie Geduld und Beharrlichkeit gegenüber Ihrem Team.

Durch die Pflege eines solchen Umfelds ist Ihr Unternehmen in der Lage, eine datengesteuerte Kultur zu fördern, die die Macht demokratisierter Daten nutzt, um strategische Ziele zu erreichen und einen Wettbewerbsvorteil zu wahren.

4.1 Den Wert von Daten verstehen

Auf dem Weg zur Förderung einer datengesteuerten Kultur besteht der erste Schritt darin, den Wert von Daten zu verstehen und zu schätzen. Es ist von entscheidender Bedeutung, dass alle Mitglieder der Organisation die Macht der Daten begreifen, unabhängig von ihrer Rolle oder Position in der Hierarchie. Der Durchbruch von Big Data und Advanced Analytics hat bahnbrechende Möglichkeiten für Unternehmen in verschiedenen Sektoren eröffnet, darunter Gesundheitswesen, Banken, Einzelhandel und zahlreiche andere.

Daten ermöglichen es Gesundheitsorganisationen beispielsweise, die Patientenversorgung durch prädiktive Analysen zu verbessern, die dabei helfen können, potenzielle Gesundheitsrisiken zu erkennen, bevor sie schwerwiegend werden. Ebenso können Einzelhandelsunternehmen Daten nutzen, um das Verhalten und die Vorlieben der Kunden zu verstehen und sie bei der Entwicklung wirksamer Marketingstrategien und personalisierter Dienstleistungen zu unterstützen.

Um den Wert von Daten zu verstehen, geht es nicht nur darum, ihre Relevanz oder ihr Potenzial anzuerkennen; Es geht darum, Daten zu einem integralen Bestandteil der Strategie und des täglichen Betriebs des Unternehmens zu machen.

4.1.1 Rolle der Führung bei der Förderung der Wertschätzung von Daten

Führung spielt eine wichtige Rolle bei der Förderung der Wertschätzung und des Verständnisses für Daten innerhalb der Organisation. Führungskräfte müssen die Vorreiter der datengesteuerten Kultur sein und Teammitglieder ermutigen, Daten in ihrem Entscheidungsprozess zu nutzen.

Das Führungsteam muss die Vorteile der Datennutzung darlegen und Erfolgsgeschichten teilen, bei denen die Datennutzung zu greifbaren Vorteilen geführt hat. Wenn datenbezogene Entscheidungen sichtbar und erfolgreich sind, werden die Mitarbeiter dazu inspiriert, den Wert zu schätzen, den Daten mit sich bringen.

4.1.2 Sicherstellung der Zugänglichkeit von Daten

Um Daten zu demokratisieren, ist es wichtig, ihre Zugänglichkeit sicherzustellen. Alle relevanten Stakeholder sollten Zugang zu den erforderlichen Daten in einem benutzerfreundlichen Format haben. Gleichzeitig sollten strenge Datenverwaltungs- und Datensicherheitsprotokolle vorhanden sein, um unbefugten Zugriff oder Datenschutzverletzungen zu verhindern.

Daten sollten nicht auf bestimmte Abteilungen oder Rollen beschränkt sein, sondern jedem zur Verfügung stehen, der sie benötigt, um seine Aufgaben effizienter und effektiver zu erfüllen. Diese Zugänglichkeit ermöglicht es Mitarbeitern auf allen Ebenen, Daten bei ihrer Arbeit zu nutzen und fördert so eine datengesteuerte Arbeitskultur.

4.1.3 Datenkompetenz entwickeln

Den Wert von Daten zu verstehen und zu schätzen geht Hand in Hand mit der Förderung der Datenkompetenz innerhalb der Organisation. Mitarbeiter müssen mit den Fähigkeiten ausgestattet werden, die sie benötigen, um

Daten zu interpretieren und zu verstehen. Dies erfordert nicht nur technische Fähigkeiten wie Datenanalyse oder Datenvisualisierung, sondern auch die Fähigkeit zu verstehen, was die Daten anzeigen und wie sie zur Verbesserung von Abläufen, Strategien und Ergebnissen eingesetzt werden können.

Investitionen in die Datenkompetenz durch interne Schulungsprogramme oder externe Kurse sind ein entscheidender Bestandteil der Förderung einer datengesteuerten Kultur. Es stellt sicher, dass alle Mitarbeiter, unabhängig von ihrem Hintergrund oder ihrer Rolle, sicher und konstruktiv mit Daten umgehen können.

4.1.4 Förderung einer datengesteuerten Denkweise

Bei der Pflege einer datengesteuerten Kultur geht es nicht nur um Tools und Techniken. Es geht auch darum, eine datengesteuerte Denkweise zu kultivieren. Dazu gehört, die Neugier zu wecken, Fragen zu stellen, das Experimentieren zu fördern, aus Fehlern zu lernen und stets offen für Lernen und Wachstum zu sein.

Eine datengesteuerte Denkweise erfordert Geduld und Beharrlichkeit, da sie kulturelle und prozessuale Veränderungen innerhalb der Organisation mit sich bringen kann. Die Ergebnisse sind jedoch die Mühe wert, da eine tief verwurzelte datengesteuerte Denkweise das Unternehmen zu kontinuierlicher Verbesserung und Innovation antreiben kann.

Um eine datengesteuerte Kultur erfolgreich zu fördern, muss man damit beginnen, das Potenzial der Daten für die Transformation der Organisation zu verstehen und zu bewerten. Es erfordert gemeinsame Anstrengungen von Führungskräften und Mitarbeitern, um Daten zu einem integralen Bestandteil ihrer Strategie, Entscheidungen und

Abläufe zu machen. Durch die Wertschätzung des Wertes
von Daten, die Sicherstellung ihrer Zugänglichkeit, die
Entwicklung von Datenkompetenz und die Förderung einer
datengesteuerten Denkweise können Unternehmen Daten
wirklich demokratisieren und sich für eine wettbewerbsfähige
Zukunft stärken.

4.1 Bedeutung der Datenkompetenz

In einer zunehmend datengesteuerten globalen Wirtschaft ist
die Fähigkeit, Daten zu verstehen, zu interpretieren und
sorgfältig zu analysieren, ebenso wichtig geworden wie
grundlegende Lese- und Mathematikkenntnisse. Das
nennen wir Datenkompetenz. Es ist die Fähigkeit, aus Daten
aussagekräftige Informationen abzuleiten. Zur
Datenkompetenz gehört das Verständnis verschiedener
Arten von Daten und Datenquellen sowie die Interpretation
und Kommunikation von Ergebnissen.

Damit eine Organisation wirklich datengesteuert ist, ist es
unerlässlich, dass die Datenkompetenz nicht auf eine
Handvoll Experten oder Spezialisten beschränkt ist, sondern
im gesamten Unternehmen verbreitet ist. In einer
datenkompetenten Organisation versteht jeder, von den
Top-Führungskräften bis hin zu den Mitarbeitern an
vorderster Front, den Wert von Daten und kann sich
problemlos an deren Nutzung beteiligen.

4.1.1 Aufbau einer datenkompetenten Belegschaft

Die Schaffung einer datenkompetenten Kultur erfordert
einen gut strukturierten Ansatz. Dabei geht es um mehr als
nur Schulungen oder Workshops. Obwohl diese notwendig
sind, sollte die Förderung der Datenkompetenz als
kontinuierlicher Prozess betrachtet werden.

Beginnen Sie mit einer umfassenden Bewertung der Datenkompetenz in Ihrem gesamten Unternehmen, um Verständnislücken zu identifizieren. Nutzen Sie diese Beurteilung, um Ihren Bildungsplan zu gestalten. Sie können das Alphabetisierungsprogramm in Phasen unterteilen, beginnend mit Grundfertigkeiten, und dann zu Spezialfertigkeiten übergehen. Nutzen Sie eine Mischung aus Kursen, Webinaren, Peer-to-Peer-Lernen, Mentoring und praktischen Projekten, um verschiedene Lernstile zu fördern.

Geben Sie Ihren Mitarbeitern die Möglichkeit, Fragen zu stellen, Klarstellungen einzuholen und sich an Gesprächen rund um Daten zu beteiligen. Nutzen Sie Data Storytelling, um abstrakte Datenkonzepte konkreter und nachvollziehbarer zu machen. Ein klares Verständnis der Konzepte motiviert Ihr Team, Daten bei der täglichen Entscheidungsfindung zu nutzen.

4.1.2 Führung und Datenkompetenz

Führungskräfte spielen eine entscheidende Rolle bei der Förderung der Datenkompetenz. Sie geben den Ton an. Organisationen, in denen Führungskräfte über Datenkompetenz verfügen, verfügen wahrscheinlich auch über datenkompetente Mitarbeiter. Führungskräfte müssen sich für Datenkompetenz einsetzen, persönlich in die Verbesserung ihrer Datenkompetenzen investieren und mit gutem Beispiel vorangehen.

Führungskräfte sollten im Team eine neugierige und hinterfragende Einstellung gegenüber Daten fördern. Dazu gehört die Anerkennung, dass Daten möglicherweise nicht immer eindeutige Antworten liefern, und die Förderung einer ausgewogenen Sichtweise, die Datenerkenntnisse respektiert, aber die Erfahrung und Intuition der Mitarbeiter nicht außer Acht lässt.

4.1.3 Datenverwaltung

Eine gute Datenkompetenz kann durch Daten schlechter Qualität beeinträchtigt werden. Data Governance stellt sicher, dass die Daten Ihres Unternehmens korrekt, zugänglich, konsistent und geschützt sind. Klare Data-Governance-Richtlinien erleichtern es den Mitarbeitern, Datenerkenntnisse präzise und verantwortungsvoll auszutauschen, zu interpretieren und anzuwenden. Es verringert die Wahrscheinlichkeit einer inkonsistenten Interpretation und Fehlkommunikation. Die Richtlinien sollten auch die ethische Nutzung von Daten, den Datenschutz und die Einhaltung gesetzlicher Vorschriften abdecken.

4.1.4 Weiterentwicklung der Datenkompetenz mit der Organisation

Datenkompetenz ist keine einmalige Aktivität. Mit der Weiterentwicklung der Organisation und ihrer Strategien ändern sich auch die Anforderungen an die Datenkompetenz. Ein zukunftsweisender Ansatz zur Datenkompetenz trägt dieser Entwicklung Rechnung, indem Flexibilität in den Prozess integriert und eine Kultur des kontinuierlichen Lernens gefördert wird.

Durch die Verbesserung der Datenkompetenz demokratisiert Ihr Unternehmen nicht nur Daten, sondern stattet Ihr Team auch mit den Fähigkeiten aus, eine datengesteuerte Zukunft zu meistern. Jeder gebildete Einzelne wird zu einer Säule des Kulturwandels, da er Daten in seinen Rollen nutzt und andere dazu beeinflusst, dasselbe zu tun – und so schließlich eine wirklich datengesteuerte Organisationskultur fördert.

5. Grundsätze zur Datendemokratisierung

5.1 Eine Kultur der Transparenz fördern

Im Zeitalter der Datendemokratisierung ist die Förderung einer Kultur der Transparenz innerhalb der Organisation eines der wichtigsten Prinzipien. Die Idee ist einfach und doch unglaublich wirkungsvoll: Je zugänglicher und klarer die Daten sind, desto fundierter wird der Entscheidungsprozess.

Datentransparenz verstehen

Datentransparenz bezieht sich auf Maßnahmen und Richtlinien, die die Verfügbarkeit und Klarheit von Daten erhöhen. Es geht darum, Daten allen Mitgliedern einer Organisation zugänglich zu machen, damit sie sie studieren, interpretieren und Entscheidungen treffen können.

In erster Linie ist es wichtig, den Umfang und die Tiefe der Datentransparenz zu verstehen. Dabei geht es nicht nur um die bloße Bereitstellung von Zahlen. Darüber hinaus legt es Wert darauf, sicherzustellen, dass diese Zahlen – die Daten – leicht zu verstehen, zu interpretieren und zu verwenden sind. Noch wichtiger ist die Tatsache, dass die Daten zuverlässig und genau sein und mit den Fakten vor Ort übereinstimmen müssen.

Die Bedeutung der Datentransparenz

Datentransparenz ist in Geschäftsfeldern, in denen kritische Entscheidungen auf komplexen Daten basieren, von größter Bedeutung. Es kann als Kontrollpunkt für die Genauigkeit und gute Verwaltung von Daten dienen. Darüber hinaus kann es das Vertrauen zwischen Organisationsmitgliedern, Stakeholdern und externen Parteien wie Kunden und Auftraggebern stärken.

Darüber hinaus kann Datentransparenz auch die Effizienz steigern. Wenn Daten leicht verfügbar und zugänglich sind, verkürzt sich der Zeitaufwand für die Erfassung, Verarbeitung und Extrapolation von Daten. Es fördert außerdem die datengesteuerte Entscheidungsfindung auf allen Ebenen der Organisation, was zu einer effizienteren Strategieentwicklung und Umsetzung führen kann.

Schritte zur Datentransparenz

Für Unternehmen, die Datentransparenz schaffen möchten, sind hier einige wichtige Schritte zu berücksichtigen:

1. **Machen Sie den Datenzugriff allgegenwärtig:** Die Grundidee der Datendemokratisierung basiert darauf, dass Daten jedem zur Verfügung stehen. Das bedeutet, dass Daten jedem zugänglich gemacht werden sollten, der sie nutzen möchte. Ob Datenwissenschaftler, die komplexe Abfragen schreiben, oder Manager, die an Berichten arbeiten, sie müssen einfachen Zugriff auf Daten haben, um ihre Arbeit effizient ausführen zu können.

2. **Stellen Sie sicher, dass die Daten verständlich sind:** Es reicht nicht aus, nur die Daten zu haben. Ebenso wichtig ist es, es verständlich zu machen. Dazu gehören klare Datensatzbezeichnungen, ausführliche Metadaten, leicht lesbare Formate und umfassende Erklärungen.
3. **Sorgen Sie für die Datengenauigkeit:** Ohne genaue und zuverlässige Daten könnten getroffene Entscheidungen negative Auswirkungen haben. Es sollten Systeme vorhanden sein, um die Daten regelmäßig zu prüfen, zu bereinigen und zu überprüfen, um ihre Genauigkeit zu gewährleisten.
4. **Schulung und Aufklärung:** Eine Kultur der Transparenz kann nur erreicht werden, wenn jeder die Bedeutung von Daten versteht und wertschätzt. Es sollten umfassende Schulungs- und Schulungssitzungen organisiert werden, um sicherzustellen, dass jeder weiß, wie die Daten zu verwenden und zu interpretieren sind.
5. **Datenschutz und Sicherheit gewährleisten:** Bei dem Streben nach Transparenz sollten Datenschutz und Sicherheit nicht gefährdet werden. Durch geeignete Richtlinien zur Datenverwaltung und -verwaltung kann sichergestellt werden, dass sensible Daten gut geschützt sind.

Zusammenfassend lässt sich sagen, dass die Förderung einer Kultur der Transparenz ein wesentliches Prinzip der Datendemokratisierung ist. Es fördert eine fundierte und effiziente Entscheidungsfindung, stärkt das interne und externe Vertrauen und verbessert die Gesamtleistung des Unternehmens. Allerdings müssen Unternehmen diesen Prozess strategisch angehen und Transparenz mit Datensicherheit und Datenschutz in Einklang bringen.

5.1 Die Natur der Datendemokratie verstehen

Datendemokratie bedeutet im Kern, den Menschen die Möglichkeit zu geben, unabhängig auf Daten zuzugreifen, sie zu interpretieren und zu nutzen. Es geht darum, die Barrieren bei der Datennutzung und -verteilung zu beseitigen und die Daten für jeden Einzelnen unabhängig von seinem technischen Fachwissen zugänglicher zu machen. Das Verständnis dieser Natur der Datendemokratie ist das allererste Prinzip, das jede Organisation, ob groß oder klein, stärken wird.

5.1.1 Gewährleistung der Datengenauigkeit und -transparenz

Ein zentraler Aspekt einer erfolgreichen Datendemokratisierung ist die Sicherstellung der Genauigkeit und Transparenz der gemeinsam genutzten Daten. Dazu gehört die Überprüfung der Datenquelle und die Sicherstellung, dass sie aktuell und für die beabsichtigten Benutzer relevant sind. Transparente und genaue Daten geben Einzelpersonen die Sicherheit, datengesteuerte Entscheidungen zu treffen, ohne Unstimmigkeiten oder Fehlinterpretationen befürchten zu müssen.

5.1.2 Förderung einer Datenkultur

Die Datendemokratisierung kann nicht über Nacht erreicht werden. Es erfordert die Förderung einer Datenkultur innerhalb der Organisation, in der jede Person, von der obersten Führungsebene bis zu den Mitarbeitern an vorderster Front, den Wert von Daten und ihr Potenzial zur

Förderung von Geschäftsergebnissen versteht. Arten von Daten, Möglichkeiten des Zugriffs und der Nutzung sowie die Bedeutung von Datenschutz und Compliance – all das sollte in den Governance-Richtlinien und -Praktiken verankert sein.

5.1.3 Förderung der Datenkompetenz

Es ist wichtig sicherzustellen, dass Daten zugänglich sind, aber wenn Einzelpersonen nicht verstehen, wie sie die Daten nutzen oder interpretieren sollen, ist das Konzept der Demokratisierung nutzlos. Unternehmen müssen durch umfassende Schulungsprogramme in die Verbesserung der Datenkompetenz aller Mitarbeiterebenen investieren. Dazu gehört, ihnen beizubringen, wie man die richtigen Fragen stellt, wie man Daten manipuliert, um Erkenntnisse zu gewinnen, und wie man verschiedene Datenvisualisierungs- und Analysetools verwendet.

5.1.4 Implementierung der richtigen Tools und Technologie

In einem demokratischen Datenumfeld sollten Daten so zur Verfügung gestellt werden, dass die Menschen sie leicht verstehen und zu ihrem Vorteil nutzen können. Hier ist die Rolle der richtigen Werkzeuge und Technologie nicht zu unterschätzen. Die entsprechende Software oder Plattform sollte in der Lage sein, die Daten zu sammeln, zu verarbeiten, zu speichern, zu analysieren und zu visualisieren, um es den Menschen zu erleichtern, Daten zu verstehen und mit ihnen zu arbeiten.

5.1.5 Priorisierung der Datensicherheit

Während die Datendemokratisierung den freien Informationsfluss fördert, bedeutet dies nicht, dass alle

Daten für jedermann zugänglich sein sollten. Es besteht
eindeutig die Notwendigkeit, ein Gleichgewicht zwischen
Datenzugriffstransparenz und Datenschutz und -sicherheit
aufrechtzuerhalten. Daher sollten Unternehmen robuste
Sicherheitsmaßnahmen wie Zugriffskontrolle,
Verschlüsselung und Anonymisierung implementieren, um
sicherzustellen, dass nur autorisierte Personen auf
bestimmte Daten zugreifen können.

5.1.6 Einhaltung ethischer Standards

Daten zu demokratisieren bedeutet nicht, ethische Aspekte
außer Acht zu lassen. Es besteht die Notwendigkeit, die
Privatsphäre des Einzelnen zu respektieren und sensible
Informationen zu schützen. Die Sicherstellung ethischer
Compliance sollte Teil der Datenstrategie der Organisation
sein, um Missbrauch oder Missbrauch von Daten zu
vermeiden.

Auf dem Weg zur Datendemokratisierung kann jede
Organisation aufgrund ihrer bisherigen Datenpraktiken,
Organisationsstruktur, Kultur und Branchennormen vor
einzigartigen Herausforderungen stehen. Durch die
Einhaltung dieser Grundsätze kann ein Unternehmen diese
Hürden überwinden und seine Mitarbeiter wirklich in die
Lage versetzen, produktive, datengestützte Veränderungen
voranzutreiben. Denken Sie immer daran, dass ein
demokratischer Umgang mit Geschäftsdaten nicht weniger
Kontrolle, sondern vielmehr „kontrollierte Ermächtigung"
bedeutet. Das Endziel besteht darin, eine Umgebung zu
schaffen, in der Daten von jedem Einzelnen in einer
Organisation in vollem Umfang genutzt werden können und
so Daten in einen wertvollen, demokratisierten
Vermögenswert umgewandelt werden.

5.5 Einen Bottom-Up-Ansatz anwenden

Um die Datendemokratisierung in jeder Organisation voranzutreiben, ist ein Bottom-up-Ansatz unerlässlich. Mit diesem Ansatz wird jeder Einzelne auf jeder Ebene einer Organisation Teil der Initiative. Der Bottom-up-Ansatz ermöglicht es Mitarbeitern unterschiedlicher Ebenen, sich aktiv am Demokratisierungsprozess zu beteiligen und den Wert von Daten zu verstehen.

Den Bottom-Up-Ansatz verstehen

Grundsätzlich bedeutet der Bottom-Up-Ansatz, mit der kleinsten oder einfachsten Detailebene zu beginnen und sich nach oben zu arbeiten. Im Rahmen der Datendemokratisierung geht es darum, allen Mitarbeitern die Möglichkeit zu geben, auf Daten zuzugreifen und diese zu interpretieren, unabhängig von ihrem Rang in der Organisation.

Wenn Daten nur von bestimmten Personen oder einer bestimmten Abteilung verwaltet und verarbeitet werden, kommt es häufig zu Engpässen. Dadurch wird verhindert, dass Daten und Erkenntnisse optimal genutzt werden. Folglich leidet der organisatorische Entscheidungsprozess. Doch durch die Förderung einer Kultur des Datenzugriffs und der Datenanalyse auf allen Ebenen der Organisation kann dieser Engpass gemildert werden.

Vorteile eines Bottom-Up-Ansatzes

Durch einen Bottom-up-Ansatz zur Datendemokratisierung wird sichergestellt, dass jeder in der Organisation seine Rolle bei der Datenverarbeitung und -verwaltung versteht. Zu den Vorteilen, die die Integration dieses Frameworks mit sich bringt, gehören:

- **Verbesserte Entscheidungsfindung:** Wenn jeder in der Organisation Zugriff auf Daten hat, ist er gut gerüstet, fundierte und effektive Entscheidungen zu treffen. Die aus den Daten gewonnenen Erkenntnisse ermöglichen es Einzelpersonen auf allen Ebenen, zur strategischen Entscheidungsfindung beizutragen.
- **Innovation:** Je mehr Köpfe die Daten analysieren, desto höher ist die Wahrscheinlichkeit von Innovationen. Neue Perspektiven, Ideen und Lösungen können entstehen, wenn eine vielfältige Gruppe von Menschen denselben Datensatz untersucht.
- **Erhöhte Agilität:** Ein reibungsloserer Informationsfluss ermöglicht es Teams, agiler zu sein. Sie können schnell auf Datenänderungen reagieren und ihre Strategien entsprechend anpassen.
- **Empowerment der Mitarbeiter:** Bei einem Bottom-up-Ansatz fühlen sich die Mitarbeiter wertgeschätzt, da sie direkt in wichtige Organisationsprozesse eingebunden sind. Dieses Gefühl der Beteiligung und Anerkennung fördert das Verantwortungsbewusstsein und trägt zur Arbeitszufriedenheit und Produktivität bei.

Implementierung eines Bottom-Up-Ansatzes

Die Umsetzung eines Bottom-up-Ansatzes erfordert einen Wandel in der Kultur und Denkweise einer Organisation sowie die richtigen

Tools, die es den Mitarbeitern ermöglichen, auf Daten zuzugreifen und diese zu analysieren. Um dies zu erreichen, sind folgende Schritte ausschlaggebend:

- **Fördern Sie eine Kultur des Datenzugriffs:** Um sicherzustellen, dass jeder Mitarbeiter, unabhängig von seiner Abteilung oder seinem Dienstalter, das Gefühl hat, auf relevante Daten zugreifen zu können, fördern Sie eine Organisationskultur, die den Datenzugriff aktiv unterstützt.
- **Investieren Sie in benutzerfreundliche Tools:** Implementieren Sie Tools, die es Personen mit geringen oder keinen technischen Kenntnissen ermöglichen, auf Daten zuzugreifen, sie zu analysieren und zu interpretieren. Benutzerfreundliche, intuitive Software fördert die Datenexploration in allen Bereichen Ihres Unternehmens.
- **Bieten Sie kontinuierliche Schulungen und Unterstützung an:** Durch die Bereitstellung regelmäßiger Schulungen und Ressourcen wird die Qualität der Dateninterpretation aufrechterhalten und etwaige Einschüchterungen der Mitarbeiter gegenüber dem Umgang mit Daten beseitigt.
- **Etablieren Sie eine robuste Daten-Governance:** Um Datenmissbrauch oder Fehlinterpretationen zu vermeiden, etablieren Sie eine umfassende Daten-Governance-Strategie. Dazu gehört die klare Definition datenbezogener Rollen, Verantwortlichkeiten und Verantwortlichkeiten.

Die Datendemokratisierung ist eine umfassende Initiative. Die Einführung eines Bottom-up-Ansatzes bietet Unternehmen die Möglichkeit, die Vorteile der Datendemokratisierung voll auszuschöpfen und ein Umfeld zu schaffen, das kontinuierliches Lernen, Verbesserung und

Innovation fördert und erheblich zum allgemeinen Unternehmenswachstum und -erfolg beiträgt.

5.1 Förderung der Transparenz in Ihrer Organisation

Ein Schlüsselprinzip der Datendemokratisierung ist Transparenz, die für die Förderung einer Kultur des Vertrauens und der Offenheit in Ihrem Unternehmen von grundlegender Bedeutung ist. Transparenz bedeutet im Wesentlichen, Informationen für die gesamte Nutzerschaft innerhalb einer Organisation zugänglich, umfassend verständlich und nutzbar zu machen. In diesem Zusammenhang beziehen sich Informationen auf die wesentlichen Datenelemente, die für die Abläufe und Strategien einer Organisation von entscheidender Bedeutung sind.

Wenn Daten unter Verschluss gehalten werden oder nur wenigen Auserwählten zugänglich sind, entsteht ein Umfeld des Misstrauens und schränkt innovatives Denken ein. Wenn Daten jedoch demokratisiert und für jedermann zugänglich sind, stärken sie die gesamte Belegschaft, fördern funktionsübergreifende Synergien und schaffen zahlreiche Möglichkeiten für Innovationen.

Transparenz messen und wahren

Transparenz lässt sich an der Leichtigkeit messen, mit der Daten für Organisationsmitglieder auf allen Ebenen zugänglich und verständlich sind. Wie gut Mitarbeiter die Daten verstehen, die sie täglich in ihren Rollen verwenden, wie schnell sie auf die gewünschten Datenpunkte zugreifen können und wie intuitiv sie durch den Data Lake oder das

Repository des Unternehmens navigieren können, sind alles Indikatoren für Transparenz.

Die Wahrung der Transparenz ist kein einmaliger Akt, sondern ein kontinuierlicher Prozess. Es beinhaltet:

- **Benutzerfreundliche Datenzugriffssysteme** : Implementieren Sie intuitive und benutzerfreundliche Schritte für den Datenzugriff. Es sollte sowohl technische als auch nichttechnische Benutzer berücksichtigen. Es müssen Schulungen durchgeführt werden, um den Mitarbeitern zu helfen, dieses System zu verstehen und effektiv zu nutzen.
- **Qualitätskontrolle** : Die kontinuierliche Sicherstellung der Datenqualität ist von entscheidender Bedeutung. Dateninkonsistenz, Redundanz oder Ungenauigkeit können zu fehlerhaften Entscheidungen oder Erkenntnissen führen. Es wird empfohlen, Tools oder Dienste für das Datenqualitätsmanagement zu nutzen, um genaue und zuverlässige Daten zu erhalten.
- **Daten-Governance** : Richten Sie eine robuste Daten-Governance-Richtlinie ein, um sicherzustellen, dass die demokratisierten Daten gut verwaltet, gesichert und auf kontrollierte Weise verwendet werden. Die Richtlinie sollte Einzelheiten zu den Verantwortlichkeiten der Benutzer, Zugriffskontrollen, Standards, Datenschutz und sogar einen Prozess zur Lösung von Datenproblemen enthalten.
- **Feedback-Mechanismus** : Ermutigen Sie die Mitarbeiter, Feedback zu datenbezogenen Problemen zu geben. Ob es um die Klarheit der Daten oder die Funktionalität Ihres Datensystems geht, eine reibungslose Kommunikation sorgt für kontinuierliche Verbesserungen.

Vorteile der Förderung von Transparenz

Transparenz kann für eine Organisation transformativ sein. Hier sind einige der Vorteile:

- **Fördert Innovation** : Wenn jeder Einzelne Zugriff auf die Daten der Organisation hat, kann er kreative Lösungen zur Lösung bestehender Probleme finden oder neue Strategien entwickeln.
- **Lösung und Entscheidungsfindung** : Da jeder Mitarbeiter Zugriff auf die gleichen Daten hat, haben alle die gleichen Chancen, Erkenntnisse zu gewinnen, eine schnellere Lösung von Problemen zu gewährleisten und zum Entscheidungsprozess beizutragen.
- **Effizienz** : Jeder kann auf die benötigten Daten zugreifen, ohne auf grünes Licht von seinen Vorgesetzten warten zu müssen, was Zeit spart und die Produktivität steigert.
- **Lernmöglichkeiten** : Der Zugriff auf Daten aus verschiedenen Bereichen innerhalb der Organisation kann eine großartige Lernmöglichkeit sein und das Gesamtwachstum unterstützen.

Doch obwohl Transparenz viele Vorteile hat, ist es auch notwendig, den Schutz sensibler Daten zu gewährleisten. Dies kann durch den Einsatz robuster Datenschutzmethoden erreicht werden, die die Vorteile der Transparenz wahren und gleichzeitig die Sicherheit sensibler Daten gewährleisten.

Zusammenfassend lässt sich sagen, dass ein transparentes System ein entscheidender Grundsatz bei der Datendemokratisierung ist. Es steigert nicht nur die Produktivität und Effizienz, sondern fördert auch eine Kultur des Vertrauens, des Lernens und der Zusammenarbeit zwischen den Mitarbeitern einer Organisation. Dennoch ist es wichtig, sich daran zu erinnern, dass Transparenz durch robuste Datenschutz- und Governance-Rahmenwerke geregelt werden sollte, um Datenmissbrauch zu verhindern. Durch die Balance zwischen Transparenz und Sicherheit können Unternehmen Innovation und Wachstum in einer sicheren und kollaborativen Umgebung fördern.

5.1 Demokratisierung beginnt mit der Datenkultur

Bevor wir auf die Besonderheiten der Datendemokratisierung eingehen, müssen wir uns zunächst mit dem Grundprinzip befassen, das ihr zugrunde liegt und sie ermöglicht – die Pflege einer starken Datenkultur. Bei der Datendemokratisierung geht es nicht nur darum, Zugang zu Daten zu gewähren; Es geht darum, ein Umfeld zu schaffen, in dem Daten geschätzt und als entscheidendes Instrument zur organisatorischen Verbesserung verstanden werden, unabhängig von der Position oder Abteilung. Eine solche Denkweise entsteht nicht über Nacht, sondern entsteht aus dem beharrlichen Engagement, alle Mitglieder der Organisation mit Daten zu versorgen.

Warum ist Datenkultur wichtig?

Bei der Datenkultur geht es nicht nur darum, dass Ihnen eine Reihe von Tools und Technologien zur Verfügung stehen. Es geht darum, wie Einzelpersonen innerhalb einer Organisation Daten in ihren täglichen Arbeitsabläufen wahrnehmen und nutzen.

In einer starken Datenkultur:

- **Daten sind vertrauenswürdig.** Vertrauen ist für eine florierende Datenkultur von entscheidender

Bedeutung. Wenn Einzelpersonen den Daten vertrauen, mit denen sie arbeiten, ist es wahrscheinlicher, dass sie diese als Grundlage für ihre Entscheidungsfindung nutzen. Daher müssen Unternehmen sicherstellen, dass die Daten korrekt, geschützt und regelmäßig aktualisiert sind.

- **Daten sind zugänglich.** Wenn Daten auf bestimmte Personen oder Abteilungen innerhalb der Organisation beschränkt sind, entstehen Wissenssilos. Eine starke Datenkultur stellt sicher, dass jeder Mitarbeiter jederzeit auf die Daten zugreifen kann, die er benötigt.
- **Datenkompetenz hat Priorität.** Demokratisierung erfordert Datenkompetenz, die Fähigkeit aller Mitglieder einer Organisation, Daten zu verstehen, zu analysieren und mit ihnen zu kommunizieren. Dazu gehören grundlegende Fähigkeiten wie das Verständnis von Datenerfassungsmethoden und die Interpretation von Visualisierungen bis hin zu fortgeschritteneren Fähigkeiten wie der statistischen Analyse.
- **Daten werden regelmäßig in Entscheidungsprozessen verwendet.** Eine Datenkultur betrachtet Daten nicht als optionales Element, sondern als entscheidenden Teil der Entscheidungsfindung. Von einfachen Entscheidungen bis hin zu großen strategischen Plänen werden alle durch relevante Daten gestützt.

Wie kann eine starke Datenkultur gefördert werden?

Die Pflege einer demokratischen Datenkultur erfordert konzertierte Anstrengungen im gesamten Unternehmen. Hier sind vier Schlüsselstrategien:

- **Change Management** : Der Übergang von einer traditionellen Datenkultur zu einer demokratisierten Kultur kann entmutigend sein. Es erfordert ausgeprägte Change-Management-Fähigkeiten. Entwickeln Sie eine klare Vorstellung davon, wie die Datendemokratisierung Ihrem Unternehmen zugute kommen kann, und kommunizieren Sie diesen Wandel effektiv.
- **Schulung und Ausbildung** : Stellen Sie Ressourcen bereit, um Teammitgliedern beim Ausbau ihrer Datenkompetenzfähigkeiten zu helfen. Denken Sie daran, dass eine Demokratisierung nicht möglich ist, wenn Ihre Belegschaft nicht in der Lage ist, die ihnen zur Verfügung stehenden Daten zu verstehen und zu analysieren.
- **Bauen Sie ein Datenteam auf** : Erwägen Sie die Bildung eines Teams, das sich um die Datenverwaltung und Datenverwaltung kümmert und anderen hilft, die mit der Verwendung von Datentools möglicherweise weniger vertraut sind.
- **Feedback und Iteration** : Halten Sie die Kommunikationswege offen und freuen Sie sich über Feedback. Seien Sie bereit, Ihre Strategien zu wiederholen und bei Bedarf den Kurs zu ändern.

Denken Sie daran, dass die Datendemokratisierung kein einmaliges Projekt ist; Es handelt sich um einen iterativen Prozess, der sich mit der Organisation weiterentwickelt. Ihre Strategien sollten flexibel genug sein, um sich an neue technologische Fortschritte und Veränderungen innerhalb der Organisation oder Branche anzupassen. Das Ziel sollte jedoch immer dasselbe bleiben: die Daten in die Hände derjenigen zu legen, die einen Nutzen daraus ziehen können.

Durch die Entwicklung einer robusten Datenkultur legt Ihr Unternehmen den Grundstein für eine erfolgreiche

Datendemokratisierung. Dank einer Kultur, die Daten wertschätzt, können Einzelpersonen Daten nutzen, um Entscheidungen voranzutreiben, Innovationen anzuregen und Erkenntnisse zu gewinnen, die das Unternehmen voranbringen.

6. Bedeutende Herausforderungen bei der Datendemokratisierung

6.1 Komplexität verstehen und Datensilos überwinden

Die Komplexität der Daten ist eine der größten Herausforderungen bei der Datendemokratisierung. Daten sind komplex und steuern im Wesentlichen jede Komponente einer Organisation. Datendemokratisierung bedeutet, dass Daten jedem in einer bestimmten Organisation zugänglich gemacht werden, unabhängig von seinem Rang oder seiner Position. Während es theoretisch einfach erscheint, ist es in der Praxis keine einfache Aufgabe, jedem den Zugriff auf und die Nutzung von Daten zu ermöglichen. Die Komplexität ergibt sich aus der Menge, Geschwindigkeit und Vielfalt der Daten, auch bekannt als die 3Vs der Daten.

Unter Volumen versteht man die schiere Menge an Daten, die in verschiedenen Teilen der Organisation generiert und gespeichert werden. Jeder Bereich eines Unternehmens, von Logistik und Finanzen bis hin zu Marketing und Kundenservice, produziert täglich riesige Datenmengen. Ohne ausgefeilte Datensysteme und angemessene Schulung kann es schwierig sein, diese Datenmenge zu verwalten, was zu Datenüberflutung und Informationschaos führt.

der Geschwindigkeit geht es um die hohe Geschwindigkeit, mit der Daten generiert werden. In der heutigen digitalen Welt produzieren Unternehmen Daten in rasender Geschwindigkeit – jeder Klick, jeder Aufruf oder jede Interaktion mit einem digitalen Dienst erzeugt Daten. Bei einer so schnellen Datengenerierung kann es für Unternehmen schwierig sein, Daten zeitnah und effizient zu verarbeiten und zu analysieren, wenn keine geeignete Infrastruktur vorhanden ist.

Vielfalt steht für unterschiedliche Arten von Daten. Unternehmen verarbeiten gleichzeitig strukturierte Daten (wie Datenbanken) und unstrukturierte Daten (wie E-Mails, Social-Media-Beiträge). Der erhebliche Unterschied in Art und Format zwischen verschiedenen Datentypen trägt zur Datenkomplexität bei. Daher ist es notwendig, die Mitarbeiter darin zu schulen, mit diesen unterschiedlichen Datentypen umzugehen, sie zu verstehen und aussagekräftige Erkenntnisse daraus zu ziehen, was an sich schon eine Herausforderung darstellt.

Ein weiteres großes Problem im Zusammenhang mit der Datendemokratisierung sind Datensilos. Datensilos sind im Wesentlichen eigenständige Datensysteme oder Repositorys, die unter der Kontrolle einer bestimmten Abteilung innerhalb einer Organisation stehen und vom Rest der Organisation isoliert sind. Diese getrennten Datenquellen machen es schwierig, eine einheitliche Sicht auf die Daten zu erhalten oder optimale Erkenntnisse daraus abzuleiten.

Aus verschiedenen Gründen halten Abteilungen ihre Daten oft isoliert. Dies kann auf technische Schwierigkeiten, abteilungsübergreifenden Wettbewerb oder ein gewisses

Misstrauen zwischen verschiedenen Abteilungen zurückzuführen sein. Unabhängig von den zugrunde liegenden Gründen verursachen Datensilos mehrere Probleme, z. B. die Behinderung des reibungslosen Informationsflusses im gesamten Unternehmen und die Verschwendung wertvoller Erkenntnisse, die aus einer umfassenden, abteilungsübergreifenden Datenanalyse gewonnen werden könnten.

Sowohl die Komplexität von Daten als auch Datensilos können durch eine starke Datenstrategie überwunden werden. Diese Strategie sollte die richtigen Datenplattformen, angemessene Schulungen für Mitarbeiter zum effektiven Verstehen und Nutzen von Daten sowie eine Änderung der Organisationskultur umfassen, die den offenen Austausch und die Nutzung von Daten fördert. Durch die Bewältigung dieser Herausforderungen kann die Datendemokratisierung ein Unternehmen wirklich stärken und die datengesteuerte Entscheidungsfindung auf allen Ebenen erleichtern.

6.1 Navigieren im Dickicht der Datenschutz- und Sicherheitsregeln

Eine der größten Herausforderungen für Unternehmen bei der Datendemokratisierung ist die Gewährleistung des Datenschutzes und die Einhaltung von Sicherheitsvorschriften. Die aktuelle Landschaft der globalen und lokalen Gesetzgebung ist voller Komplexität und Unklarheiten darüber, wie Unternehmen Daten verwalten, sammeln und verarbeiten sollten. Die Überschneidung zwischen Unternehmensinteressen, individuellen Datenschutzrechten und nationaler Sicherheit macht die Situation noch vielschichtiger.

Im Zeitalter der Datendemokratisierung ist Datenschutz nicht nur eine Frage des Ermessens, sondern eine verbindliche Pflicht. Die umfangreiche digitale Spur von persönlichen Identifikatoren, Transaktionshistorien, Standortdaten, demografischen Informationen und Verhaltenserkenntnissen ist zum Ziel von Cyberkriminellen geworden. Vor diesem Hintergrund wurden strenge Datenschutzbestimmungen wie die Datenschutz-Grundverordnung (DSGVO) in Europa und der California Consumer Privacy Act (CCPA) in den Vereinigten Staaten geschaffen, um strenge Kontrollen für den Umgang mit Verbraucherdaten durchzusetzen.

Während diese Gesetze dazu beitragen, einen Standard für den Schutz personenbezogener Daten festzulegen, stellt ihre Einführung Unternehmen, die ihre Daten demokratisieren möchten, vor große Herausforderungen. Sie müssen sich nun durch die schwierigen Gewässer des rechtmäßigen Sammelns, Teilens und Analysierens von Daten im gesamten Unternehmen navigieren und gleichzeitig sicherstellen, dass sie die Privatsphäre des Einzelnen schützen. Wenn eine Organisation die Vorschriften nicht einhält, drohen hohe Geldstrafen und ein schwerer Rufschaden.

Die mit diesen Verpflichtungen verbundenen Risiken ergeben sich jedoch nicht nur aus der rechtlichen Verantwortlichkeit, sondern auch aus der potenziellen Verletzlichkeit der Daten selbst. Wenn die Daten eines Unternehmens in die falschen Hände geraten, könnten die Folgen katastrophal sein und sowohl zu Reputationsschäden als auch zu finanziellen Verlusten führen. Organisationen, die Daten demokratisieren, müssen robuste Sicherheitsmaßnahmen in den Datenlebenszyklus einbetten und sicherstellen, dass Daten geschützt sind, wenn sie ruhen, sich bewegen und verwendet werden.

Zu den besonderen Herausforderungen in diesem Bereich gehören:

- **Übermäßiger Schutz der Daten** : Kontraintuitiv könnte eine Überbetonung der Datensicherheit den Fortschritt der Datendemokratisierung behindern. Übermäßiger Schutz kann zu übermäßigen Zugriffskontrollen führen und die Fähigkeit von Mitarbeitern im gesamten Unternehmen beeinträchtigen, auf Daten zuzugreifen und diese zu analysieren.
- **Mangelnde Mitarbeiterschulung** : Nicht alle Mitarbeiter sind sich der Datenschutzgesetze und -bestimmungen bewusst, die ihre Datennutzung regeln. Ohne entsprechende Schulung kann es zu einem falschen Umgang mit Daten kommen, was zu unbeabsichtigten Sicherheitsverletzungen führen kann, die hätten vermieden werden können.
- **Zugänglichkeit und Sicherheit in Einklang bringen** : Die Notwendigkeit der Datenzugänglichkeit mit strengen Sicherheitsmaßnahmen in Einklang zu bringen, ist oft eine heikle Aufgabe. Das weite Öffnen der Datentüren treibt zwar die Demokratisierung voran, erhöht aber auch die Verletzlichkeit von Daten. Andererseits können strenge Datenkontrollen die Fähigkeit des Unternehmens beeinträchtigen, aus seinen Daten einen Mehrwert zu ziehen.

Um diese Herausforderungen zu meistern, müssen Unternehmen einen „Privacy by Design"-Ansatz verfolgen und Datenschutzmaßnahmen von Anfang an in ihre Technologie, Abläufe und Geschäftsstrategien integrieren. Begleitend dazu wird die Schaffung einer starken Kultur der Datenethik und des Datenschutzes dazu beitragen, die Einhaltung auf allen Ebenen sicherzustellen und eine sichere und wirksame Datendemokratisierung zu erleichtern. Es wird außerdem empfohlen, in fortschrittliche

Technologien wie automatisierte Datenschutztools und
Verschlüsselungstechniken zu investieren.

Zusammenfassend lässt sich sagen, dass das Navigieren im
Dickicht der Datenschutz- und Sicherheitsvorschriften zwar
eine gewaltige Aufgabe ist, in der heutigen datengesteuerten
Welt jedoch eine Notwendigkeit darstellt. Indem
Unternehmen Datenschutz und Sicherheit als Eckpfeiler der
Datendemokratisierung statt als Hindernisse betrachten,
können sie ein nachhaltiges Gleichgewicht erreichen, ihre
Mitarbeiter stärken und gleichzeitig kritische
Vermögenswerte schützen.

6.1 Überwindung von Datensilos

Eine der grundlegenden Herausforderungen bei der Suche
nach Datendemokratisierung ist die Existenz von Datensilos.
Um dies besser zu verstehen, müssen wir zunächst
definieren, was sie sind. Datensilos sind Strukturen, die
entstehen, wenn verschiedene Abteilungen oder Gruppen
innerhalb Ihrer Organisation über Daten verfügen, die sie
nicht mit anderen teilen. Um es weniger umgangssprachlich
auszudrücken: Es handelt sich im Wesentlichen um das
Horten von Daten in verschiedenen Bereichen Ihres
Unternehmens. Diese Silos behindern den reibungslosen
Datenfluss im gesamten Unternehmen und beschränken
dadurch den Zugriff auf einige wenige Gruppen oder
Einzelpersonen.

Darüber hinaus können diese Datensilos entweder
technologischer Natur sein, wenn verschiedene Abteilungen
inkompatible Systeme und Software verwenden, oder
kultureller Natur sein, wenn es keinen Anreiz oder keine
Gewohnheit gibt, Daten zwischen Teams auszutauschen.
Diese Unterschiede behindern nicht nur den
Informationsfluss, sondern führen auch zu Inkonsistenzen,

redundanten Daten und einem Mangel an einem umfassenden Überblick, was sich allesamt negativ auf die Entscheidungsfindung auswirkt.

Um Datensilos zu überwinden, ist es von grundlegender Bedeutung, in Ihrem Unternehmen eine Kultur der Transparenz und Offenheit zu etablieren. Es erfordert den Abbau dieser Silos durch die Integration von Datenquellen und die Entwicklung standardisierter Protokolle für den Datenaustausch. Manchmal erfordert dies auch die Einführung neuer Technologien oder Software, die eine nahtlose Integration, eine bessere Organisation und einen verbesserten Zugriff auf Daten ermöglichen.

Es sind weitere Sensibilisierungs- und Schulungsmaßnahmen erforderlich, um die Mitarbeiter zu ermutigen, auf diese integrierten Daten zuzugreifen und sie zu nutzen. Damit die Datendemokratisierung erfolgreich ist, müssen Mitarbeiter auf allen Ebenen den Wert von Daten verstehen und in der Lage sein, sie effektiv zu nutzen. Daher könnten routinemäßige Workshops und Seminare zur Datenkompetenz eine notwendige Ergänzung zum Schulungskalender der Organisation sein.

6.2 Umgang mit Datenqualität

Eine weitere wesentliche Hürde auf dem Weg zur Datendemokratisierung ist die Aufrechterhaltung und Sicherung der Datenqualität. Eine Organisation hat möglicherweise Zugriff auf astronomische Datenmengen, aber wenn diese Daten ungenau, irreführend oder veraltet sind, sind sie nutzlos. Im Gegenteil: Schlechte Datenqualität könnte zu fehlerhaften Analysen und fehlerhaften Entscheidungen führen und damit mehr schaden als nützen.

Die Sicherung der Datenqualität beginnt bereits in dem Moment, in dem wir die Daten beziehen. Die Quelldaten müssen vor der Speicherung auf ihre Richtigkeit überprüft werden. Es muss darauf geachtet werden, die Daten regelmäßig zu bereinigen und vorzuverarbeiten, um Inkonsistenzen, Redundanzen und Ungenauigkeiten zu beseitigen. Außerdem müssen veraltete und irrelevante Daten gelöscht werden, um sicherzustellen, dass die analysierten Daten aktuelle Trends und Szenarien widerspiegeln.

Zu diesem Zweck benötigt ein Unternehmen möglicherweise fortschrittliche Software und Tools, die diese Datenvalidierungs- und Bereinigungsprozesse automatisieren können. Darüber hinaus ist möglicherweise auch eine Schulung des Personals in Datenverwaltungs- und Handhabungstechniken erforderlich, um menschliche Fehler auf ein Minimum zu beschränken.

Zusammenfassend lässt sich sagen, dass die Demokratisierung von Daten nicht ohne Herausforderungen ist. Es erfordert eine konzertierte Anstrengung auf allen Ebenen der Organisation – von der obersten Führungsebene, die eine Kultur des Datenaustauschs fördert, bis hin zu den untersten Mitarbeitern, die die Bedeutung von Daten und ihre korrekte Verwendung verstehen. Mit geeigneten Strategien, Tools und einem klaren Aktionsplan können diese Herausforderungen jedoch durchaus bewältigt werden. Und wie Sie in den folgenden Kapiteln sehen werden, überwiegen die Vorteile bei weitem die Hürden.

6.3 Rechtliche und ethische Überlegungen berücksichtigen

Die Datendemokratisierung bringt nicht nur technologische und organisatorische Herausforderungen mit sich, sondern auch rechtliche und ethische. Verschiedene Gesetze und Vorschriften regeln, wie Organisationen die Daten sammeln, speichern, teilen und nutzen können. Ein Verstoß gegen diese Bestimmungen kann hohe Geldstrafen nach sich ziehen und den Ruf der Organisation schädigen.

Unternehmen müssen Datenschutzgesetze wie die DSGVO in der Europäischen Union oder die CCPA in Kalifornien beachten, die darauf abzielen, die Privatsphäre des Einzelnen zu schützen. Es ist wichtig, dass jeder einzelne Mitarbeiter, der mit Daten arbeitet, seine Pflichten und Verantwortlichkeiten gemäß diesen Gesetzen versteht. Diese Schulung sollte ein Verständnis für die Bedeutung der Dateneinwilligung, Einschränkungen der Datennutzung, individuelle Rechte an ihren Daten und die Verantwortung der Organisation in Bezug auf Datensicherheit und Datenschutzverletzungen beinhalten.

Abseits der rechtlichen Rahmenbedingungen stehen beim Umgang mit Daten ethische Gesichtspunkte im Vordergrund. Auch wenn das Gesetz eine bestimmte Verwendung von Daten zulässt, kann diese dennoch als unethisch angesehen werden. Daher ist die Förderung einer ethischen Kultur rund um die Datennutzung innerhalb der Organisation von entscheidender Bedeutung. Es sollte als Leitfaden für den verantwortungsvollen Umgang mit Daten dienen und dabei die Auswirkungen auf den Einzelnen und die Gesellschaft insgesamt berücksichtigen.

Daher ist es unerlässlich, Zeit und Ressourcen in die rechtliche und ethische Aufklärung zu investieren, nicht nur für das höhere Management, sondern auch für jeden Mitarbeiter, der mit Daten arbeitet. Dadurch wird sichergestellt, dass die Datendemokratisierung verantwortungsvoll und nachhaltig umgesetzt wird.

Im nächsten Kapitel werden wir untersuchen, wie die Datendemokratisierung mit den Bemühungen zur digitalen Transformation verbunden ist – ein grundlegender Wandel, den viele Unternehmen heute annehmen. Wir werden Fallstudien untersuchen, die Vorteile verstehen und die Komplexität bewältigen, die an der Konvergenz dieser umfangreichen und wichtigen Themen liegt.

6.1 Überwindung von Datensilos und Fragmentierung

Die Aufgabe der Demokratisierung von Daten ist ein Versprechen, traditionelle Organisationsstrukturen zu überwinden, die zur Bildung von Informationssilos beitragen, in denen Daten gefangen, unzugänglich und unzureichend genutzt bleiben. Eine der größten Hürden bei der Datendemokratisierung ist die Datenfragmentierung, die oft als „Datensilos" bezeichnet wird. Bei diesen Silos handelt es sich um Repositorys mit festen Daten, auf die die anderen Bereiche und Abteilungen einer Organisation keinen Zugriff haben. Datensilos sind problematisch, weil sie den Datenfluss einschränken und es verschiedenen Gruppen unmöglich machen, wertvolle Datenerkenntnisse zu nutzen.

6.1.1 Auswirkungen von Datensilos

Datensilos schränken nicht nur die Datenzirkulation innerhalb einer Organisation ein, sondern tragen auch zu einer verzerrten Dateninterpretation, Doppelarbeit und ungenauen Entscheidungen bei. Trotz der Fülle an Daten sind Unternehmen aufgrund isolierter Daten möglicherweise nicht in der Lage, ihr wahres Potenzial auszuschöpfen. Die begrenzte und nicht geteilte Natur isolierter Daten führt darüber hinaus zu einer höheren Komplexität bei der Datenanalyse und behindert den Übergang eines

Unternehmens zu datengesteuerten Abläufen und
Entscheidungen.

6.1.2 Datensilos auflösen

So herausfordernd es auch sein mag: Datensilos können
abgebaut werden, um Datendemokratie zu erreichen. Die
Vereinheitlichung von Datensystemen ist von
entscheidender Bedeutung und kann durch Methoden wie
Enterprise Resource Planning (ERP) oder Customer
Relationship Management (CRM) erfolgen. Die Einführung
von Datenintegrationstools, die Einrichtung eines zentralen
Data Warehouse und die Förderung einer datenfreundlichen
Unternehmenskultur können hilfreich sein.

Cloudbasierte Lösungen können auch eine wichtige Rolle
bei der Verringerung der Datenfragmentierung spielen,
indem sie eine einzige Quelle der Wahrheit (Single Source
of Truth, SSOT) schaffen, die im gesamten Unternehmen
verfügbar ist. Es fördert den Datenaustausch in Echtzeit, die
Zusammenarbeit und einen erweiterten
Entscheidungsprozess.

Die Entwicklung offener Kommunikationskanäle zwischen
verschiedenen Abteilungen trägt auch dazu bei, Datensilos
aufzubrechen. Häufige Interaktionen können in Kombination
mit der richtigen Technologie den abteilungsübergreifenden
Datenaustausch und die Generierung von Erkenntnissen
reibungslos erleichtern.

6.1.3 Die Rolle der Datenverwaltung

Data-Governance-Richtlinien sind für die Verwaltung der
Datenzugänglichkeit, -genauigkeit und des Datenschutzes
von entscheidender Bedeutung. Durch die Implementierung
eines robusten und dennoch flexiblen Data-Governance-

Frameworks wird sichergestellt, dass Daten zwar allgemein verfügbar sind, aber auch auf Qualität und Sicherheit überwacht werden. Es trägt dazu bei, ein Gleichgewicht zu schaffen, indem es die böswillige Datennutzung eliminiert und den verantwortungsvollen Umgang mit Daten fördert, was zur Entwicklung der Datendemokratie beiträgt.

Durch die Zuweisung klarer Rollen und Verantwortlichkeiten für die Datenverwaltung, die Erstellung strenger Protokolle für die Datennutzung und den Einsatz von Technologie zur Umsetzung dieser Praktiken können Unternehmen den Problemen entgegenwirken, die sich aus Datensilos und Fragmentierung ergeben.

Zusammenfassend lässt sich sagen, dass Datensilos und Fragmentierung erhebliche Herausforderungen für die Datendemokratisierung darstellen. Durch die Anwendung der richtigen Strategien, den Einsatz fortschrittlicher Tools, die Förderung offener Kommunikation und die Einrichtung solider Data-Governance-Frameworks können wir diese Hindernisse jedoch überwinden und das Wachstum datengesteuerter Organisationen unterstützen. Es ist eine kontinuierliche, akribische Reise, aber die Belohnungen – Geschäftswachstum, gesteigerte Effizienz und verbesserte Entscheidungsfähigkeiten – sind die Mühe durchaus wert. Durch die Beseitigung von Datensilos bringen wir Unternehmen der Entwicklung einer echten Datendemokratie einen Schritt näher.

6.1 Datenqualitätsmanagement

Ein wichtiger Aspekt, der bei der Einführung der Datendemokratisierung innerhalb einer Organisation beachtet werden sollte, ist das Datenqualitätsmanagement. Gleichzeitig erweist sich dies als eine der größten Herausforderungen, da die Verantwortung für die

Aufrechterhaltung der Datenqualität über die reinen Daten-
und IT-Teams hinausgeht und nun alle Benutzer innerhalb
der Organisation betrifft.

Datendemokratisierung bedeutet, allen Zugang zu Daten zu
gewähren, auch denen, denen möglicherweise das
technische Fachwissen für den korrekten Umgang mit Daten
und deren korrekte Interpretation fehlt. Jedes Teammitglied,
unabhängig von seinen Datenkenntnissen, muss für die
Datenqualität verantwortlich sein. Diese Situation kann zu
Inkonsistenzen, Ungenauigkeiten und folglich zu Daten von
schlechter Qualität führen und so zu einer suboptimalen
Entscheidungsfindung beitragen.

Darüber hinaus können sich Probleme im Zusammenhang
mit Dateninkonsistenzen aus dem Mangel an
standardisierten Datenerfassungs-, -verarbeitungs- und -
analysepraktiken ergeben. Ohne standardisierte
Vorgehensweisen können Datensätze aufgrund
unterschiedlicher Datenverarbeitung durch verschiedene
Personen inkonsistent werden. Dies kann zu Problemen bei
der Vergleichbarkeit und Kompatibilität bei der Analyse und
Interpretation der Daten führen.

Daher wird die Sicherstellung der Datenkonsistenz, -
genauigkeit und -zuverlässigkeit zu einer erheblichen Hürde
für Unternehmen, die sich an die Datendemokratisierung
wagen.

6.2 Sicherheits- und Datenschutzbedenken

Das Risiko von Datenschutzverstößen und -missbrauch
steigt erheblich, wenn der Datenzugriff im gesamten
Unternehmen weit verbreitet ist. Die Balance zwischen
Datentransparenz und Datenschutz wird zu einer
unglaublichen Herausforderung. Unternehmen müssen

sicherstellen, dass sensible Daten, wie z. B. personenbezogene Daten (PII), angemessen geschützt sind, um rechtliche Komplikationen und Vertrauensbrüche gegenüber Kunden zu vermeiden.

Darüber hinaus kann es je nach Abteilung oder Rolle zu unterschiedlichen Graden der Datensensibilität kommen, und Unternehmen müssen sicherstellen, dass sie diese Komplexität im Auge behalten. Nicht alle Daten können für alle Benutzer zugänglich sein. Organisationen müssen robuste Zugriffskontrollen einrichten, die unterscheiden können, welche Daten für welche Gruppe oder Einzelpersonen zugänglich sind, und den Datenzugriff entsprechend einschränken.

6.3 Datenkompetenz

Eine weitere große Herausforderung besteht darin, eine Kultur der Datenkompetenz innerhalb der Organisation zu fördern. Unter Datenkompetenz versteht man die Fähigkeit, Daten effektiv zu verstehen, zu interpretieren und zu nutzen. Während die Demokratisierung von Daten bedeuten kann, dass jeder Zugang zu Daten erhält, bedeutet dies nicht unbedingt, dass jeder weiß, wie er sie optimal nutzen kann.

Mitarbeiter müssen im Umgang mit Daten entsprechend geschult werden, wissen, wie sie mit Daten umgehen, unterscheiden, welche Daten relevant sind, und daraus sinnvolle Erkenntnisse ziehen. Es ist wichtig, die Datenkompetenzquote der Mitarbeiter zu erhöhen, was Zeit- und Ressourceninvestitionen sowie einen Wandel in der Unternehmenskultur erfordern kann.

6.4 Infrastruktur und Tools

Für eine effektive Datendemokratisierung sind hochmoderne Tools und eine Infrastruktur erforderlich, die in der Lage ist, große Datenmengen zu verarbeiten. Unternehmen müssen in die Entwicklung einer fortschrittlichen Datenanalyse-Infrastruktur investieren, die riesige Datenmengen speichern, verarbeiten und analysieren kann.

Diese Tools sollten auch für technisch nicht versierte Benutzer benutzerfreundlich und intuitiv sein und über Funktionen wie Drag-and-Drop-Schnittstellen, interaktive Dashboards, Verarbeitung natürlicher Sprache, automatisierte Berichtserstellung usw. verfügen. Solche Tools erfordern eine erhebliche finanzielle Investition und Zeit für die Schulung und Einführung, was viele Organisationen vor erhebliche Herausforderungen stellt.

6.5 Silo-Mentalität überwinden

Eine Silomentalität entsteht, wenn mehrere Abteilungen oder Gruppen innerhalb einer Organisation keine Informationen mit anderen innerhalb derselben Organisation teilen möchten. Diese Mentalität kann den Demokratisierungsprozess ernsthaft behindern, da sie den Datenfluss einschränkt und die Zusammenarbeit behindert.

Diese Denkweise zu überwinden und eine Kultur der offenen Daten und Zusammenarbeit zu fördern, ist keine leichte Aufgabe und stellt eine große Herausforderung auf dem Weg zur Datendemokratisierung dar.

Zusammenfassend lässt sich sagen, dass die Demokratisierung von Daten zwar erhebliche Vorteile bietet und Unternehmen in die Lage versetzt, datengesteuerte Entscheidungen zu treffen, aber auch mit mehreren Herausforderungen verbunden ist. Unternehmen müssen sich diesen Herausforderungen bewusst stellen, um

Strategien zur Datendemokratisierung erfolgreich in ihre Abläufe zu integrieren und zu nutzen.

7. Data Governance: Ein Schlüssel zur Demokratisierung von Daten

7.1 Die Notwendigkeit einer Datenverwaltung verstehen

Eine wirksame Datenverwaltung ist für die Demokratisierung von Daten von entscheidender Bedeutung. Es ist das Rückgrat, das Unternehmen dabei hilft, aus ihren Daten zuverlässige und präzise Erkenntnisse zu gewinnen, die für strategische Entscheidungen genutzt werden können. Um diesen Gedanken vollständig zu verstehen, muss man das Konzept der Datenverwaltung, seine Bedeutung und die Art und Weise, wie man es effektiv umsetzt, verstehen.

Data Governance ist ein Rahmenwerk zur Verwaltung der Verfügbarkeit, Nutzbarkeit, Integrität und Sicherheit von Daten innerhalb eines Unternehmens. Dabei handelt es sich um eine Reihe von Regeln und Prozessen, die die Konsistenz, Genauigkeit, Zugänglichkeit und den Schutz der Unternehmensinformationen gewährleisten. Dieses Framework bietet jedem in der Organisation den entsprechenden Zugriff auf die richtigen Daten zur richtigen Zeit und im richtigen Format.

Data Governance fungiert als Wächter und Verwalter der Daten Ihres Unternehmens und stellt sicher, dass diese zuverlässig, relevant und vertrauenswürdig sind. Es verfolgt, wer die Daten nutzt, wofür sie verwendet werden, und stellt sicher, dass die Daten in keiner Weise gefährdet werden.

Ohne ein starkes Governance-Modell bleiben die Daten fragmentiert und werden missbraucht, was zu irreführenden Erkenntnissen und schlechten strategischen Entscheidungen führt.

Daher kann eine Demokratisierung Ihrer Daten nicht ohne die Implementierung wirksamer Data-Governance-Maßnahmen erreicht werden. Das Erreichen eines umfassenden und sicheren Zugriffs auf nützliche, qualitativ hochwertige Daten in Ihrem Unternehmen hängt oft von der Einrichtung und Durchdachtheit Ihres Data-Governance-Programms ab. Die Implementierung von Data Governance kann jedoch ein erhebliches Unterfangen sein.

7.1.1 Schritte zur Implementierung von Data Governance

Eine robuste Data-Governance-Strategie kann in mehreren Phasen umgesetzt werden. Beginnen Sie damit, sich ein umfassendes Verständnis der Ziele und Taktiken Ihres Unternehmens zu verschaffen. Der nächste Schritt sollte darin bestehen, den aktuellen Zustand Ihrer Daten zu bewerten und die primären Datenherausforderungen zu identifizieren, mit denen das Unternehmen konfrontiert ist.

1. **Entwickeln Sie ein starkes Team** : Um mit der Datenverwaltung zu beginnen, müssen Unternehmen ein Team von Fachleuten zusammenstellen, die über ein tiefes Verständnis der Datenlandschaft und der spezifischen Geschäftsanforderungen verfügen.
2. **Definieren Sie klare Ziele und Vorgaben** : Es sollte klar dargelegt werden, was die Organisation mit ihren Daten erreichen möchte. Dies kann von der Einhaltung regulatorischer Standards über die Verbesserung der Datenqualität bis hin zur Förderung des Datenaustauschs zwischen Abteilungen reichen.

3. **Erstellen Sie ein Datenwörterbuch und einen Katalog** : Diese Tools helfen dabei, die Konsistenz in der gesamten Datenlandschaft aufrechtzuerhalten. Ein Datenwörterbuch enthält alle Definitionen von Datenelementen, ihre Bedeutung und Verwendung. Andererseits dient ein Datenkatalog als Inventar, in dem alle Datenbestände im Unternehmen, ihr Standort und ihre Beziehungen detailliert aufgeführt sind.
4. **Überblick über Datenzugriff und -autorisierung** : Mit der Demokratisierung von Daten sollten alle Beteiligten auf die Daten zugreifen können. Aber mit dieser Offenheit geht auch ein Risiko einher. Daher ist die Festlegung klarer Regeln für den Datenzugriff und die Datennutzung von entscheidender Bedeutung, um Missbrauch zu verhindern.
5. **Implementieren Sie eine Datenqualitätsstrategie** : Die Sicherstellung der Datenqualität ist der Schlüssel zu einer erfolgreichen Datenverwaltung. Falsche oder minderwertige Daten können zu falschen Schlussfolgerungen und Entscheidungen führen. Durch die kontinuierliche Überwachung der Datenqualität können Fehler, Inkonsistenzen und Unstimmigkeiten entdeckt und behoben werden.
6. **Überwachen und verfeinern Sie den Ansatz** : Auch nach der Implementierung des Systems sollte eine kontinuierliche Überwachung und Verfeinerung Teil der Strategie sein, um sicherzustellen, dass sich das System mit den dynamischen Anforderungen der Organisation weiterentwickelt.

Durch eine effektive Strukturierung der Datenverwaltung können Unternehmen einen wichtigen Schritt zur Demokratisierung ihrer Daten machen. Dadurch wird nicht nur sichergestellt, dass Daten für mehr Benutzer zugänglich sind, sondern auch, dass diese Daten zuverlässig und sicher sind. Da sich Unternehmen ständig an Veränderungen anpassen, bleibt eine effektive Datenverwaltung ein unverzichtbares Mehrzweckinstrument, das die Demokratisierung von Daten erleichtert und Unternehmen dabei hilft, fundiertere Entscheidungen zu treffen. Mit einem gründlichen Verständnis und der ordnungsgemäßen Umsetzung der Datenverwaltung ist Ihr Unternehmen auf dem besten Weg, Daten erfolgreich zu demokratisieren.

7.1 Die Kernelemente der Datenverwaltung verstehen

Um Daten in Ihrem Unternehmen effektiv zu demokratisieren, ist das Verständnis der Grundlagen der Datenverwaltung von größter Bedeutung. Es ist ein wesentliches Tor, um Daten für alle im Unternehmen zugänglich und nutzbar zu machen und gleichzeitig die Integrität, Vertraulichkeit und Qualität der Daten sicherzustellen.

7.1.1 Datenqualität

Bei der Datenqualität geht es darum, sicherzustellen, dass die Daten an allen Kontaktpunkten des Unternehmens korrekt, konsistent und aktuell sind. Dazu gehören Datenbereinigung, Datenintegration, Datenanreicherung und Datenvalidierungsmethoden, um zuverlässige Informationen bereitzustellen, die für eine effektive Entscheidungsfindung verwendet werden können.

7.1.2 Datensicherheit

Die Datendemokratisierung birgt ihre eigenen Herausforderungen, wie etwa potenzielle

Datenschutzverletzungen, unbefugten Zugriff und
Datenmissbrauch. Als Teil der Datenverwaltung stellt die
Datensicherheit sicher, dass die Daten nur autorisierten
Personen zugänglich sind und dass
Sicherheitsvorkehrungen zum Schutz der Privatsphäre und
Vertraulichkeit getroffen werden. Dies kann Protokolle wie
Datenverschlüsselung, Routineprüfungen und strenge
Zugriffskontrollen umfassen.

7.1.3 Datenschutz und Compliance

Mit der Demokratisierung von Daten wird es noch wichtiger,
den Datenschutz und die Einhaltung von Gesetzen und
Vorschriften wie DSGVO und CCPA sicherzustellen. Die
Umsetzung proaktiver Datenschutzmaßnahmen wie
Datenanonymisierung und Pseudonymisierung ist von
entscheidender Bedeutung, um sicherzustellen, dass
sensible Informationen nicht gefährdet werden.

7.1.4 Datenzugänglichkeit

Das ultimative Ziel der Datendemokratisierung besteht darin,
Daten allen Mitarbeitern zugänglich zu machen, unabhängig
von ihrem technischen Wissen. Die Idee besteht darin, ein
klar definiertes und unkompliziertes System für den Zugriff
auf Daten in einem leicht verständlichen Format
bereitzustellen. Dies erfordert ein robustes
Datenkatalogisierungssystem, intuitive Dashboards und
benutzerfreundliche Datenvisualisierungstools.

7.1.5 Datenverwaltung

Zur Datenverantwortung gehört die Zuweisung von
Verantwortlichkeiten für den Inhalt, den Kontext und die
damit verbundenen Geschäftsregeln der Daten. Durch die

Ernennung von Datenverwaltern, die als Brücke zwischen der IT und dem Unternehmen fungieren, kann sichergestellt werden, dass die Daten relevant, zuverlässig und leicht zugänglich bleiben.

7.2 Implementierung eines Data Governance Frameworks

Der Aufbau und die Implementierung eines Data-Governance-Frameworks ist der Schlüssel zu einer effektiven Datendemokratisierungsstrategie.

7.2.1 Definieren Sie klare Ziele

Der erste Schritt besteht darin, herauszufinden, was Sie durch Datendemokratisierung und Datenverwaltung erreichen möchten. Dabei kann es sich um die Sicherstellung der Datenqualität, die Verbesserung der Datentransparenz, die Einhaltung gesetzlicher Vorschriften, die Förderung der digitalen Transformation oder um alles oben Genannte handeln.

7.2.2 Rollen und Verantwortlichkeiten festlegen

Ganz gleich, ob es sich um Dateneigentümer handelt, die für die Datenqualität verantwortlich sind, um Datenverwalter, die deren Nutzung überwachen, oder um Datenverwalter, die den Zugriff kontrollieren – die klare Definition der Rolle jedes Einzelnen ist von entscheidender Bedeutung.

7.2.3 Governance-Richtlinien und -Verfahren festlegen

Legen Sie Datenverwaltungsrichtlinien für die Einhaltung gesetzlicher Vorschriften, Datenschutz, Datenqualität und Datenzugänglichkeit fest. Diese Protokolle regeln, wie Daten innerhalb der Organisation erstellt, verwaltet und verwendet werden.

7.2.4 Bauen Sie ein Data Governance-Team auf

Stellen Sie ein engagiertes Team aus Datenverwaltern, Datenarchitekten, Compliance-Beauftragten und Führungskräften zusammen. Ihre Aufgabe ist es, die Data-Governance-Strategie zu leiten und zu überwachen.

7.2.5 Überwachen, messen und verfeinern

Data Governance ist kein einmaliges Projekt, sondern ein kontinuierlicher Prozess. Überwachen Sie die Leistung Ihres Data-Governance-Programms, messen Sie seine Wirksamkeit und verfeinern Sie es nach Bedarf.

Durch die Integration von Data-Governance-Prinzipien und -Prozessen können Sie Ihre Daten besser verwalten und kontrollieren. Dies wiederum wird die Datendemokratisierung vorantreiben, indem Daten im gesamten Unternehmen besser zugänglich gemacht werden, was eine verbesserte Zusammenarbeit, Entscheidungsfindung und Geschäftswachstum ermöglicht.

7.2 Aufbau eines Data-Governance-Frameworks: Ein Tool zur Stärkung

Ein wesentlicher Aspekt im Bereich der Demokratisierung von Daten ist die Einrichtung eines robusten Daten-Governance-Rahmens. Damit ist das System von

Entscheidungsrechten und Verantwortlichkeiten für informationsbezogene Prozesse gemeint, das zur Unterstützung und Ermöglichung der Gesamtstrategie einer Organisation durchgeführt wird. Im Wesentlichen handelt es sich um einen strukturierten Ansatz zur Steuerung, Verwaltung und Nutzung der Daten der Organisation auf eine Weise, die Qualität, Integrität und Sicherheit gewährleistet und gleichzeitig den Wert der Daten bei der Entscheidungsfindung maximiert.

Warum ist ein Data Governance Framework wichtig?

Das Hauptziel eines Data-Governance-Frameworks besteht darin, sicherzustellen, dass Daten als wertvolles und integriertes Unternehmensgut verwaltet werden. Angesichts des ständig wachsenden Datenvolumens und der zunehmenden Komplexität der Daten in heutigen Geschäftsumgebungen ist der Bedarf an einem robusten Daten-Governance-Framework unerlässlich geworden. Hier ist der Grund:

1. **Vertrauenswürdige und zuverlässige Daten:** Sie stellen die Datenintegrität, -qualität und -zuverlässigkeit im gesamten Unternehmen sicher, schaffen Vertrauen in die Daten und fördern ihre weit verbreitete Nutzung bei der Entscheidungsfindung.
2. **Einhaltung gesetzlicher Vorschriften:** Angesichts der sich ändernden Rechts- und Geschäftslandschaften müssen Unternehmen die Einhaltung gesetzlicher Vorschriften bei Datenverarbeitungsprozessen sicherstellen. Eine starke Governance-Richtlinie hilft bei der Einhaltung sich entwickelnder Gesetze und Vorschriften.

3. **Risikomanagement:** Eine effektive Datenverwaltung hilft bei der Identifizierung und Bewältigung von Risiken im Zusammenhang mit Datenmissmanagement. Es werden Sicherheitsmaßnahmen zum Schutz sensibler Informationen festgelegt und Datenschutzverletzungen verhindert.
4. **Bessere Entscheidungsfindung:** Wenn Informationen angemessen verwaltet werden, können Unternehmen Daten nutzen, um umsetzbare Erkenntnisse zu gewinnen und so eine evidenzbasierte Entscheidungsfindung zu fördern.

Schritte zum Aufbau eines Data Governance Frameworks

Der Aufbau eines effektiven Data-Governance-Frameworks ist ein fortlaufender Prozess und erfordert die Zusammenarbeit und das Engagement aller Ebenen innerhalb der Organisation. Im Folgenden finden Sie wichtige Schritte, die Ihnen bei der Erstellung eines zuverlässigen Daten-Governance-Frameworks helfen:

1. **Definieren Sie die Ziele:** Identifizieren Sie zunächst die spezifischen Geschäftsprobleme, die Sie lösen möchten. Verbessert es die Datenqualität? Sicherstellung der Einhaltung gesetzlicher Vorschriften? Passen Sie Ihre Data-Governance-Strategie an Ihre Geschäftsziele an.
2. **Identifizieren Sie Stakeholder und etablieren Sie Governance-Rollen:** Binden Sie Stakeholder aus dem gesamten Unternehmen ein. Zu den Rollen können Dateneigentümer, Datenverwalter, Datennutzer und Datenverwalter gehören. Jede

dieser Personen spielt eine entscheidende Rolle bei der Aufrechterhaltung der Datenverwaltung.

3. **Legen Sie Datenrichtlinien und -standards fest:** Entwerfen und implementieren Sie datenbezogene Richtlinien, die Bereiche wie Datenzugriff, Sicherheit, Datenschutz und Qualität abdecken. Legen Sie außerdem einheitliche Datenstandards und -definitionen fest, um die Einheitlichkeit im gesamten Unternehmen sicherzustellen.

4. **Integrieren Sie Schulungs- und Sensibilisierungsprogramme:** Selbst die besten Pläne scheitern ohne ordnungsgemäße Umsetzung. Führen Sie regelmäßige Schulungs- und Sensibilisierungsprogramme durch, um jeden in der Organisation über die Bedeutung der Datenverwaltung und ihre Rolle darin aufzuklären.

5. **Überwachen und bewerten:** Sobald das Framework eingerichtet ist, implementieren Sie Metriken und Key Performance Indicators (KPIs), um seine Wirksamkeit zu bewerten. Eine regelmäßige Evaluierung hilft dabei, notwendige Elemente zu optimieren und stellt sicher, dass sich das Programm mit den sich ändernden Anforderungen des Unternehmens weiterentwickelt.

So wie eine starke Regierung für eine blühende Gemeinschaft von entscheidender Bedeutung ist, stellt eine effektive Datenverwaltung sicher, dass eine Organisation ihre wertvollen Datenbestände optimal nutzen kann. Im Wesentlichen ist Data Governance der Grundstein für die Demokratisierung von Daten – wobei hochwertige, sichere Daten für diejenigen, die sie benötigen, jederzeit und in einem Format, das sie nutzen können, frei verfügbar sind. Denken Sie daran, dass es bei der Datenverwaltung nicht nur um Regeln und Protokolle geht. Vielmehr ist es ein

Mittel, das wahre Potenzial der Daten für die Verbesserung des gesamten Unternehmens freizusetzen.

7.1 Die Notwendigkeit der Implementierung von Data Governance

Data Governance steht im Mittelpunkt der Bemühungen jedes Unternehmens, Daten zu demokratisieren. Dies liegt daran, dass die Fluidität von Datendemokratisierungsvorgängen in hohem Maße von klar definierten Data-Governance-Protokollen abhängt. Diese Protokolle schreiben im Wesentlichen vor, wie Organisationen Daten sammeln, verwalten und speichern sollen, um sicherzustellen, dass sie rechtmäßig, ethisch und effektiv gehandhabt werden.

Bevor Sie sich mit den detaillierten Feinheiten der Data-Governance-Praktiken Ihres Unternehmens befassen, ist es unerlässlich, die Grundprinzipien der Data-Governance zu verstehen. Data Governance umfasst drei Schlüsseldimensionen:

1. **Datenverantwortung:** Dieser Aspekt umfasst die kontinuierliche Überwachung und Pflege qualitativ hochwertiger Daten, frei von Redundanzen, Inkonsistenzen und Ungenauigkeiten. Datenverwalter übernehmen oft diese entscheidende Rolle und tragen die Verantwortung für die Behebung von Problemen im Zusammenhang mit dem Datenqualitätsmanagement.
2. **Datensicherheit und Compliance:** Neben der Verwaltung der Datenqualität gehört auch die Gewährleistung der Datensicherheit und der Einhaltung gesetzlicher und interner Richtlinienanforderungen zu einer effektiven

Datenverwaltung. Dies ist von größter Bedeutung, um sensible Informationen vor potenziellen Bedrohungen und Risiken zu schützen und so das Vertrauen der Datennutzer in das organisatorische Ökosystem zu stärken.

3. **Datenzugänglichkeit und -nutzbarkeit:** Während der Schutz von Daten vor Bedrohungen von entscheidender Bedeutung ist, ist die Sicherstellung ihrer Zugänglichkeit für autorisiertes Personal ebenso wichtig für die Förderung einer datengesteuerten Unternehmenskultur. Die Demokratisierung von Daten hängt davon ab, dass nutzbare Daten für diejenigen zugänglich sind, die ihre Relevanz verstehen und sie nutzen können, um den Geschäftsfortschritt voranzutreiben.

Bei genauerer Betrachtung wird deutlich, dass Data Governance das Rückgrat für die Umsetzung Ihrer Datendemokratisierungsbemühungen bildet. Die Einführung einer effektiven Data-Governance-Struktur erfordert jedoch die Zusammenführung verschiedener Elemente:

1. **Benennen Sie verantwortliche Stellen:** Eine transparente Hierarchie für die Verantwortlichkeiten für die Datenverwaltung hilft bei der effektiven Datenverwaltung. Die Zuweisung von Rollen wie Dateneigentümer, Datenverwalter und Datennutzer trägt dazu bei, den Entscheidungsprozess in Bezug auf Daten zu verfeinern und Unklarheiten hinsichtlich der Verantwortlichkeiten zu vermeiden.
2. **Ausarbeiten von Datenschutzrichtlinien:** Entwerfen Sie robuste Datenschutzrichtlinien, die an regulatorischen Standards wie DSGVO, CCPA oder HIPAA ausgerichtet sind. Das Fehlen solcher Richtlinien könnte den Ruf Ihres Unternehmens schädigen und im Falle eines Datenschutzverstoßes zu hohen finanziellen Strafen führen.

3. **Setzen Sie Datenverwaltungstools ein:** Nutzen Sie hochentwickelte Datenverwaltungsplattformen, die nicht nur bei der Verwaltung und dem Schutz von Daten helfen, sondern auch dabei helfen, die Zugänglichkeit und Benutzerfreundlichkeit von Daten zu verbessern.

4. **Mitarbeiter schulen und schulen:** Organisieren Sie regelmäßige Schulungen und Sensibilisierungsprogramme, um Benutzer über Datenschutz, Schutz und ethische Praktiken aufzuklären und sie zu verantwortungsbewussten Datenbürgern zu machen.

5. **Kontinuierliche Bewertung und Verbesserung:** Eine regelmäßige Bewertung Ihres Data-Governance-Frameworks stellt dessen Wirksamkeit sicher und hilft bei der Identifizierung von Verbesserungsbereichen. Dies ebnet den Weg für die Schaffung eines schlankeren und effizienteren Rahmens, der der Datendemokratisierung förderlich ist.

Denken Sie daran: Auch wenn es wie eine mühsame Aufgabe erscheint, eine effektive Data-Governance-Struktur einzurichten, überwiegen die damit erzielten Vorteile die anfänglichen Anstrengungen bei weitem. Als Katalysator für Ihre Datendemokratisierungsbestrebungen bietet eine solide Daten-Governance den Weg zu faktenbasierter Entscheidungsfindung, verbesserter Datenanalyse, erhöhter Kundenzufriedenheit und letztendlich zu nachhaltigem Geschäftswachstum. Nutzen Sie Data Governance – Ihr Schlüssel zur Stärkung Ihres Unternehmens durch Datendemokratisierung!

7.1 Die Rolle der Datenverwaltung verstehen

Bei dem Streben nach Demokratisierung von Daten kommt der Datenverwaltung eine entscheidende Rolle zu. Unter Data Governance versteht man die Gesamtverwaltung der Datenverfügbarkeit, -nutzbarkeit, -integrität und -sicherheit innerhalb einer Organisation. Es umfasst eine Reihe von Prozessen, die von einem Rat oder einem separaten Leitungsgremium an der Spitze der Organisation durchgeführt und genehmigt werden. Governed Data bilden das Rückgrat für Datenaktivitäten im gesamten Unternehmen, einschließlich Business Intelligence, Datenanalyse und anderen datenbezogenen Geschäftsvorgängen. Daher ist das Verständnis der Datenverwaltung von entscheidender Bedeutung, um Ihr Unternehmen durch Datendemokratisierung zu stärken.

Datenverwaltung und Datendemokratisierung

Datendemokratisierung bedeutet, Einzelpersonen auf eine für sie verständliche Weise Zugang zu Daten zu verschaffen. Es ermöglicht Endbenutzern, Entscheidungen auf der Grundlage von Daten statt auf der Grundlage von Ahnungen oder Vermutungen zu treffen. Dieser Zugriff und dieses Verständnis können jedoch nur dann erreicht werden, wenn die Daten ordnungsgemäß verwaltet werden.

Nur durch eine effektive Datenverwaltung können wichtige Aspekte wie Datenzugriff, Datenqualität, Datenschutz und Sicherheit gewährleistet werden. Mit einem robusten Data-Governance-Framework können Unternehmen entscheiden, wer Zugriff auf bestimmte Datensätze hat, die Genauigkeit und Konsistenz der Daten sicherstellen, relevante Datenschutzbestimmungen einhalten und geeignete Maßnahmen ergreifen, um Datenschutzverletzungen zu verhindern. Data Governance legt also den Grundstein für die sichere und effektive Demokratisierung von Daten.

Schlüsselkomponenten der Data Governance

Data Governance umfasst mehrere Komponenten, darunter:

- **Datenverantwortung:** Datenverwalter spielen eine entscheidende Rolle in einem Data-Governance-Programm. Ihre Aufgabe ist es, Datenelemente zu definieren und Richtlinien und Verfahren für den verantwortungsvollen Umgang und die Nutzung von Daten umzusetzen. Sie arbeiten daran, die Integrität und den Datenschutz der Daten im gesamten Unternehmen sicherzustellen.
- **Datenqualität:** Daten sollten genau, konsistent und zuverlässig sein; Unregelmäßigkeiten und Inkonsistenzen sollten beseitigt werden. Eine gute Datenqualität ist der Schlüssel zu einer fundierten Entscheidungsfindung und vermeidet das Risiko von Fehlern und Fehlinterpretationen.
- **Datenschutz:** Data Governance hilft dabei, sensible Daten zu verwalten und zu schützen und relevante Datenschutzbestimmungen wie die DSGVO einzuhalten. Dazu gehört die Implementierung durchdachter Kontrollen und die Sicherstellung, dass nur autorisierte Benutzer auf bestimmte Datentypen zugreifen können.
- **Datensicherheit:** Da Datenschutzverletzungen immer häufiger auftreten, müssen robuste Datensicherheitsmaßnahmen vorhanden sein, um die Daten des Unternehmens zu schützen. Zur Datenverwaltung gehören Maßnahmen wie

Verschlüsselung, Identitäts- und Zugriffsverwaltung
sowie regelmäßige Datenprüfungen.
* **Stammdatenverwaltung:** Dies beinhaltet die
Verwaltung der Kerndaten der Organisation,
sogenannte Stammdaten, um sicherzustellen, dass
sie über verschiedene Systeme und Abteilungen
hinweg konsistent und korrekt sind. Das
Stammdatenmanagement kann dazu beitragen, eine
einzige Quelle der Wahrheit zu schaffen, die für die
Datendemokratisierung von entscheidender
Bedeutung ist.

Implementierung von Data Governance in Ihrem Unternehmen

Um Data Governance umzusetzen, müssen Organisationen
eine klare Strategie entwickeln, die ihre Ziele definiert, die
wichtigsten Stakeholder identifiziert und die umzusetzenden
Prozesse und Standards umreißt. Dazu gehört die
Einrichtung eines Data-Governance-Rahmens und häufig
eines Rates oder Ausschusses, der dessen Umsetzung
überwacht.

Einer der entscheidenden Aspekte bei der Implementierung
von Data Governance besteht darin, sicherzustellen, dass im
gesamten Unternehmen ein breites Bewusstsein und
Verständnis für ihre Bedeutung besteht. Dabei kann es sich
um Schulungen, Workshops oder andere
Bildungsmaßnahmen handeln.

Zusammenfassend lässt sich sagen, dass Data Governance
eine entscheidende Rolle bei der sicheren und effektiven
Demokratisierung von Daten spielt. Durch die
Implementierung einer robusten Data-Governance-Strategie
können Unternehmen sicherstellen, dass Daten genau und

sicher sind und denjenigen zur Verfügung stehen, die sie benötigen, wann immer sie sie benötigen. Dadurch wird die Fähigkeit ihrer Mitarbeiter verbessert, datengesteuerte Entscheidungen zu treffen, und die Leistung des Unternehmens gesteigert.

8. Technologieinfrastruktur hinter der Datendemokratisierung

8.1 Verständnis der Rolle der Technologieinfrastruktur bei der Datendemokratisierung

Um den Prozess der Datendemokratisierung vollständig zu verstehen, ist es wichtig, die dafür erforderliche technologische Infrastruktur zu verstehen. Diese Infrastruktur erleichtert nicht nur den Zugriff und die gemeinsame Nutzung von Daten auf allen Ebenen einer Organisation, sondern gewährleistet auch deren sichere und kontrollierte Nutzung.

8.1.1 Datenmanagementsysteme

Datenmanagementsysteme bilden das Rückgrat der Datendemokratisierung, indem sie es Unternehmen ermöglichen, große Datenmengen zu sammeln, zu speichern, zu verarbeiten und zu verteilen. Diese skalierbaren und effizienten Systeme sollten für den Umgang mit großen Datenmengen konzipiert sein und Benutzern aus verschiedenen Abteilungen genaue, zeitnahe und umsetzbare Informationen liefern. Branchen wie

Gesundheitswesen, Bildung, Finanzen, Technologie und viele andere nutzen bereits Datenverwaltungssysteme wie relationale Datenbanken (RDBMS), dokumentenorientierte Datenbanken, Diagrammdatenbanken und Hadoop, um Daten zu demokratisieren.

8.1.2 Datenintegrationstools

Datenintegrationstools spielen eine zentrale Rolle im Datendemokratisierungsprozess, indem sie verschiedene Datenquellen verbinden, sie in eine einheitliche Ansicht umwandeln und es Benutzern ermöglichen, diese Daten auf einfache und ähnliche Weise abzurufen und zu bearbeiten. Beispiele für solche Tools sind Tools zum Extrahieren, Transformieren, Laden (ETL), Datenvorbereitungstools und Datenkatalogisierungslösungen.

8.1.3 Business Intelligence- und Analysetools

Mit diesen Tools können Unternehmen Daten analysieren und Erkenntnisse gewinnen, die als Grundlage für Geschäftsentscheidungen dienen. Sie sind oft mit benutzerfreundlichen Schnittstellen ausgestattet, die Daten auch für technisch nicht versierte Benutzer zugänglich machen. Tools wie Tableau, Looker, Domo oder Power BI bieten Möglichkeiten zur Visualisierung und Interaktion mit Daten und ermöglichen es Benutzern, Dashboards und Berichte zu erstellen, Abfragen auszuführen oder prädiktive Analysen durchzuführen.

8.1.4 Data-Governance-Tools

Bei der Demokratisierung von Daten müssen wir auch
Datenschutz-, Sicherheits-, Qualitäts- und Compliance-
Faktoren berücksichtigen. Hier kommen Data-Governance-
Tools ins Spiel. Sie helfen bei der Umsetzung der
Richtlinien, Verfahren, Verantwortlichkeiten und Prozesse,
die zur Verwaltung und Gewährleistung der Integrität der
Daten einer Organisation erforderlich sind. Sie können
Funktionen wie Datenschutz und Datenschutz,
Datenqualitätsmanagement, Metadatenverwaltung und
Stammdatenverwaltung bereitstellen, die für eine
erfolgreiche Datendemokratisierung von entscheidender
Bedeutung sind.

8.1.5 Cloud Computing und Speicherung

Cloud-Technologien haben maßgeblich zum Aufstieg der
Datendemokratisierung beigetragen. Cloud Computing
ermöglicht Erschwinglichkeit, Skalierbarkeit und einfachen
Zugriff auf Daten. Auf Cloud-basierten Plattformen können
große Datenmengen gespeichert und verarbeitet werden,
sodass geografische Einschränkungen keine Rolle spielen.
Lösungen wie Amazon Web Services (AWS), Google Cloud
Platform (GCP) und Microsoft Azure werden aufgrund ihrer
robusten und kostengünstigen Datenverwaltungsfunktionen
häufig eingesetzt.

Zusammenfassend lässt sich sagen, dass die
technologische Infrastruktur, die der Datendemokratisierung
zugrunde liegt, den entscheidenden Rahmen bildet, der es
ermöglicht, im gesamten Unternehmen auf Daten
zuzugreifen, sie zu interpretieren und effektiv zu nutzen.
Unternehmen sollten sicherstellen, dass sie in die richtigen
Technologien und Tools investieren, ihre Datenstrategie mit
den Unternehmenszielen in Einklang bringen und eine Kultur

der Datenkompetenz auf allen Ebenen der Organisation fördern, um Daten wirklich zu demokratisieren.

8.1 Das technologische Rückgrat der Datendemokratisierung verstehen

Die Grundlage einer erfolgreichen Datendemokratisierung liegt in der Gestaltung und Bereitstellung einer angemessenen Technologieinfrastruktur, die strategisch geschichtet ist, um einen nahtlosen Zugriff auf die Daten ohne Einbußen bei der Sicherheit zu ermöglichen. Die Abhängigkeit einer Organisation von Daten kann nicht unterschätzt werden. Daher sollte die eingesetzte Technologieinfrastruktur die verschiedenen Phasen der Datenverarbeitung und -demokratisierung ganzheitlich unterstützen – von der Erfassung, Verarbeitung und Speicherung bis hin zu Analyse und Visualisierung. Hier sind die wichtigsten Säulen aufgeführt;

8.1.1 Datenerfassungsinfrastruktur

Daten sind die Grundlage der Datendemokratisierung; Daher sollten robuste Systeme vorhanden sein, um es aus einer Vielzahl von Quellen zu sammeln. Unternehmen können sich bei der Datenerfassung auf verschiedene Tools und Plattformen verlassen – API-Interaktionen, IoT-Geräte, Web-Scraping-Tools, Integrationen von Drittanbietern, Formulare und Plattformen wie Google Analytics.

8.1.2 Data Warehousing und Data Lakes

Für die zentrale Speicherung und Organisation der gesammelten Daten sind Data Warehouses oder Data Lakes unerlässlich. Diese Systeme speichern Daten in einem

strukturierten Format und bieten die Kapazität, riesige
Mengen an täglich generierten Daten zu speichern. Die
Wahl zwischen Data Warehouses und Data Lakes hängt von
der Nutzung und Interaktion der Organisation mit den Daten
ab.

8.1.3 Tools zur Datenverarbeitung und -aufbereitung

Bevor eine Datenanalyse durchgeführt werden kann,
müssen diese bereinigt und vorbereitet werden. Die Daten
sollten in ein für die Analyse geeignetes Format
umgewandelt werden, wobei Duplikate, Fehler und
Inkonsistenzen beseitigt werden. Das Organisieren und
Kuratieren der von Endbenutzern benötigten Daten kann
mithilfe der Technologien ELT (Extract-Load-Transform)
oder ETL (Extract-Transform-Load) erfolgen, wodurch sie
leicht verfügbar und nutzbar sind.

8.1.4 Datenbankverwaltungssysteme

Datenbankmanagementsysteme (DBMS) bieten eine
systematische Möglichkeit zum Erstellen, Abrufen,
Aktualisieren und Verwalten der in Data Warehouses und
Data Lakes gespeicherten Daten. DBMS können relational
(SQL-basiert), nicht relational (NoSQL-basiert) oder eine
Kombination aus beidem (NewSQL) sein.

8.1.5 Datenanalyse- und Visualisierungstools

Nach der Bereinigung und Aufbereitung der Daten sind
diese für die Analyse und Interpretation bereit. Mit
verschiedenen Software- und Analysetools, die auf
Algorithmen des maschinellen Lernens und der künstlichen
Intelligenz basieren, können Unternehmen Muster,

Zusammenhänge und Trends entdecken.
Visualisierungstools wandeln diese komplexen
Dateneinblicke in intuitivere grafische Darstellungen um,
sodass auch Nicht-Datenexperten sie leichter verstehen und
Entscheidungen treffen können.

8.1.6 Sicherheits- und Zugriffskontrolltools

Im Rahmen der Datendemokratisierung steht die
Datensicherheit an erster Stelle. Da jedes Jahr zahlreiche
Datenschutzverletzungen gemeldet werden, müssen
Unternehmen Datensicherheitsmaßnahmen priorisieren und
gleichzeitig Daten demokratisieren. Dazu gehören die
Bereitstellung von Sicherheitssoftware, die Verschlüsselung
sensibler Daten, die Implementierung einer Zugriffskontrolle
mit Berechtigungen und Authentifizierungen sowie
regelmäßige Sicherheitsüberprüfungen.

8.1.7 Data Governance Frameworks

Unter Data Governance versteht man eine Reihe von
Prozessen und Richtlinien, die die Datenqualität über den
gesamten Lebenszyklus der Daten sicherstellen und
Unternehmen bei der Verwaltung ihrer Datenbestände
unterstützen. Es spielt eine entscheidende Rolle in einer
Datendemokratisierungsstrategie, indem es sicherstellt, dass
Daten konsistent, verständlich und vertrauenswürdig
bleiben.

Während Technologie eine entscheidende Rolle bei der
Datendemokratisierung spielt, müssen Unternehmen ihren
Fokus weiterhin auf die Endbenutzer legen. Durch die
Bereitstellung ausreichender Schulungs- und
Datenkompetenzprogramme kann die Lücke zwischen der
Verfügbarkeit von Daten und ihrer effektiven Nutzung
geschlossen werden. Durch die Kombination modernster

Technologieinfrastruktur mit einer Kultur der Datenkompetenz können Unternehmen datengesteuerte Entscheidungsprozesse auf allen Ebenen der Organisation ermöglichen.

8.1 Die Rolle von Cloud Computing bei der Datendemokratisierung verstehen

Im Zeitalter der Datendemokratisierung hat sich Cloud Computing zu einer der zentralen Technologien entwickelt, die dem Konzept zugrunde liegen. Cloud-Computing-Technologie ermöglicht den mobilen Zugriff auf gemeinsame Pools konfigurierbarer Systemressourcen und übergeordneter Dienste und bietet so die Möglichkeit, Lösungen mit begrenztem Verwaltungsaufwand schnell anzupassen und zu implementieren.

Ein grundlegender Vorteil von Cloud Computing für die Datendemokratisierung ist die Möglichkeit, einen universellen Datenzugriff zu ermöglichen. Durch die Beseitigung der herkömmlichen Einschränkungen der physischen Präsenz und strenger IT-Regeln können Unternehmen Daten von praktisch jedem Standort und jedem Gerät aus mit entsprechenden Zugriffsberechtigungen teilen, nutzen und analysieren. Darüber hinaus fördert Cloud Computing eine kollaborativere Umgebung, in der Ressourcen abteilungs- und teamübergreifend genutzt und genutzt werden können.

Cloud-Plattformen, ob öffentlich, privat oder hybrid, haben die Art und Weise, wie Unternehmen Datenmanagement und -analyse angehen, grundlegend verändert. Sie bieten groß angelegte Datenspeicherfunktionen und reduzieren den

Bedarf an umfangreichen, oft teuren lokalen Speicherinfrastrukturen. Die Cloud vereinfacht auch die Datenintegration, da sie die traditionellen Herausforderungen beseitigt, die mit der Zusammenführung von Daten aus unterschiedlichen Plattformen und Systemen verbunden sind.

Darüber hinaus unterstützt die Cloud-Technologie fortschrittliche Analysefunktionen wie künstliche Intelligenz (KI) und maschinelles Lernen (ML), die auf riesige Datenmengen angewendet werden können, um umsetzbare Erkenntnisse abzuleiten. Dadurch werden nicht nur Daten demokratisiert, sondern auch die hochentwickelten Analysefunktionen, die früher nur Datenexperten oder großen Unternehmen mit hohen Budgets zugänglich waren.

Tatsächlich werden Data-as-a-Service (DaaS)-Modelle in cloudbasierten Systemen immer häufiger eingesetzt. Sie ermöglichen es Unternehmen, Daten nach Bedarf zu nutzen, anstatt eigene Data Warehouses zu verwalten. Dadurch können Unternehmen die damit verbundenen Betriebskosten senken, den Datenzugriff verbessern und die Flexibilität behalten, die Art der Daten auszuwählen, die sie für bestimmte Prozesse oder Projekte benötigen.

Es ist jedoch wichtig zu bedenken, dass Cloud Computing zwar die Demokratisierung von Daten erleichtern kann, aber nicht automatisch mit Demokratie gleichzusetzen ist. Unternehmen müssen sicherstellen, dass sie über robuste Datenverwaltungs- und Sicherheitsprotokolle verfügen. Die Einhaltung von Datenschutzgesetzen, Benutzerauthentifizierung und innovative Verschlüsselungsmethoden sind entscheidende Bestandteile einer erfolgreichen cloudbasierten Datendemokratisierung.

Die Zukunft des Cloud Computing im Bereich der Datendemokratisierung sieht vielversprechend aus, da sich immer mehr Unternehmen dafür einsetzen. In diesem Zusammenhang ist es wichtig, dass wir die Auswirkungen besser verstehen, die sich auf die Fähigkeit einer Organisation auswirken, strategische Ziele zu erreichen, die digitale Transformation zu beschleunigen und die Wettbewerbsvorteile zu nutzen, die sie in der modernen digitalen Wirtschaft mit sich bringt.

Der Weg zur Datendemokratisierung ist jedoch keine einfache Aufgabe. Es erfordert eine gut durchdachte Strategie, die Ausrichtung auf spezifische Geschäftsprozesse und ein umfassendes Verständnis der datenbezogenen Herausforderungen. Die Integration modernster Technologien wie Cloud Computing wird zweifellos eine große Rolle spielen, weshalb es für Entscheidungsträger von entscheidender Bedeutung ist, ihr Potenzial und ihre Auswirkungen zu erkennen. Durch den Aufbau einer soliden, leistungsfähigen und sicheren technologischen Infrastruktur können wir das volle Potenzial der Datendemokratisierung ausschöpfen.

In den folgenden Abschnitten werden wir uns eingehender mit anderen Technologien befassen, die ebenfalls den Weg für eine erfolgreiche Datendemokratisierung ebnen, wie z. B. Datenanalysetools, Business Intelligence (BI)-Software und Datenvisualisierungsanwendungen. Ziel ist es, Ihnen einen umfassenden Überblick über die Technologielandschaft im Hinblick auf die Datendemokratisierung zu bieten und fundierte Entscheidungen zu Architektur, Tools und Designprinzipien zu erleichtern.

8.1 Die Bedeutung einer robusten und skalierbaren Technologieinfrastruktur verstehen

Einer der grundlegenden Katalysatoren für erfolgreiche Datendemokratisierungsinitiativen ist das Vorhandensein einer umfassenden, anpassungsfähigen und skalierbaren Technologieinfrastruktur. Die Fähigkeit einer Organisation, ihren Mitgliedern den Zugriff auf und die Nutzung von Datenbeständen zu ermöglichen, hängt stark vom technologischen Rahmen ab, in dem Daten gespeichert, analysiert und verbreitet werden.

8.1.1 Data Warehousing und Datenbankmanagement

Der Technologie-Stack zur Datendemokratisierung beginnt mit effektiven Data Warehousing- und Datenbankverwaltungssystemen (DBMS). Diese Systeme tragen maßgeblich dazu bei, strukturierte und unstrukturierte Daten aus verschiedenen Quellen zusammenzuführen und in eine nutzbare, standardisierte Form zu formatieren. Ein leistungsfähiges DBMS sollte Parallelverarbeitung, erweiterte Sicherheitsfunktionen und Echtzeit-Updates unterstützen, um den sich ständig weiterentwickelnden Anforderungen einer Organisation gerecht zu werden.

8.1.2 Data-Governance-Tools und Sicherheitsmaßnahmen

Daten, insbesondere sensible Geschäftsdaten, müssen strengen Sicherheitskontrollen unterliegen, um unbeabsichtigten Zugriff oder potenzielle Verstöße zu verhindern. Zu den Data-Governance-Tools gehören Richtlinienverwaltungssoftware, Zugriffskontrolltools und Datenkataloge. Sie stellen sicher, dass Daten gemäß den Standards, Richtlinien und Compliance-Anforderungen der Organisation verarbeitet werden und gleichzeitig ihre Nutzbarkeit maximieren.

8.1.3 ETL-Prozesse (Extrahieren, Transformieren, Laden).

ETL-Prozesse ermöglichen es Unternehmen, Daten aus verschiedenen Quellen zu integrieren und sie dann in ein Data Warehouse zu übertragen, wo Stakeholder darauf zugreifen können. ETL-Tools erleichtern die Extraktion von Daten aus mehreren Quellsystemen, ihre Bereinigung, Zuordnung und Umwandlung in eine einheitliche Struktur und anschließend ihr Laden in die endgültige Zieldatenbank oder das Data Warehouse.

8.1.4 Datenanalyse- und Business-Intelligence-Tools

Analyse- und Business-Intelligence-Tools sind das Rückgrat der Datendemokratisierung. Sie ermöglichen es Mitarbeitern, Erkenntnisse abzuleiten und Daten zu interpretieren, ohne dass intensive technische oder statistische Kenntnisse erforderlich sind. Diese Tools reichen von solchen, die einfache Datenvisualisierungen ermöglichen, bis hin zu anspruchsvollerer Software, die prädiktive Modellierung, maschinelle Lernfunktionen und Echtzeitanalysen bietet.

8.1.5 Datenvisualisierungssoftware

Die Datendemokratisierung fördert datengesteuerte Entscheidungen über Technologie- oder Datenteams hinaus. Hier greift Datenvisualisierungssoftware ein, die komplexe Datensätze in grafische Darstellungen wie Diagramme, Grafiken und Dashboards umwandelt, die leichter zu verstehen sind und so Erkenntnisse leichter sichtbar und umsetzbar machen.

8.1.6 API und Dienste für Datenzugänglichkeit

Um einen funktionsübergreifenden Zugriff auf Daten zu ermöglichen, sollten in der Technologieinfrastruktur gut dokumentierte APIs und Dienste vorhanden sein. Dies kann einen reibungsloseren Datenaustausch zwischen verschiedenen Systemen und Anwendungen ermöglichen.

8.1.7 Cloudbasierte Setups für Skalierbarkeit und Zugänglichkeit

Cloudbasierte Technologieinfrastruktur spielt eine entscheidende Rolle bei den Bemühungen zur Datendemokratisierung. Es ermöglicht nicht nur eine verbesserte Skalierbarkeit und einfache Upgrades, sondern ermöglicht auch den Remote- und verteilten Zugriff auf Daten, sodass Teammitglieder unabhängig von ihrem Standort von den Vorteilen der Dateneinblicke profitieren können.

Zusammenfassend lässt sich sagen, dass es bei einer effektiven Datendemokratisierung nicht nur darum geht, Zugangstore für alle Daten für alle zu öffnen; Es geht darum, eine integrative und robuste Technologieinfrastruktur einzurichten, die eine Umgebung schafft, die den Zugriff, das Verständnis und die Nutzung von Daten begünstigt. Dazu gehört die sorgfältige Beachtung von Data Warehousing, Datenbankmanagement, Datenverwaltung, ETL-Prozessen, Datenanalyse, Business Intelligence- und Visualisierungstools, API-Diensten und cloudbasierten Setups, um eine nachhaltige und demokratisierte Datenkultur zu schaffen.

8.1 Aufbau einer robusten Dateninfrastruktur

Eine Schlüsselkomponente der Demokratisierung von Daten innerhalb einer Organisation ist die Einrichtung einer soliden

Technologieinfrastruktur, die einen einfachen, sicheren und nahtlosen Zugriff auf Daten unterstützt. Die Verwirklichung der Datendemokratisierung erfordert mehr als nur die Bereitstellung von Tools und Anwendungen für die Mitarbeiter – sie unterstreicht die Notwendigkeit einer hochwirksamen Dateninfrastruktur.

8.1.1 Stärkung des Datenmanagements

Die Datendemokratisierung basiert im Wesentlichen auf der Datenerfassung, Datenspeicherung und Datenanalyse. Diese Elemente sorgen für einen reibungslosen Datenfluss und sind die Grundpfeiler des Datenmanagements. Daher sollte die Stärkung der Datenmanagementsysteme der erste Schritt zur Datendemokratisierung sein.

Datenerfassung: Dazu gehört die Entwicklung von Mechanismen, die relevante Daten aus verschiedenen Quellen erfassen, darunter digitale Fußabdrücke, Transaktionsdaten und Interaktionsdaten.

Datenspeicherung: Einmal erfasste Daten müssen effektiv gespeichert werden, um sicherzustellen, dass die Informationen intakt bleiben und keinem potenziellen Verlust oder einer Beschädigung ausgesetzt sind.

Datenanalyse: Schließlich hilft die Analyse der gespeicherten Daten dabei, Erkenntnisse zu gewinnen, die zur Ableitung umsetzbarer Strategien genutzt werden können. Die Implementierung robuster Datenanalysetools zur effektiven Interpretation der Rohdaten ist von entscheidender Bedeutung.

8.1.2 Nutzung von Cloud Computing

Cloud Computing ist ein wesentlicher Bestandteil der Datendemokratisierung, da es dabei hilft, die

Einschränkungen physischer Speichersysteme wie Server zu überwinden, die häufig Herausforderungen hinsichtlich der Datenverfügbarkeit und -zugänglichkeit mit sich bringen. Cloud Computing bietet hochskalierbare Speicherlösungen und gewährleistet die Datenverfügbarkeit rund um die Uhr, unabhängig vom geografischen Standort.

8.1.3 Umsetzung von Data-Governance-Maßnahmen

Es ist wichtig zu bedenken, dass ein einfacher Zugriff auf Daten nicht zu einem Szenario führt, in dem alles kostenlos ist. Tatsächlich ist eine der größten Bedrohungen für die Datendemokratisierung die beeinträchtigte Datensicherheit. Die Einführung von Data-Governance-Maßnahmen und die Festlegung, wer in welchem Umfang auf welche Daten zugreifen kann, sind daher wichtige Aufgaben im Rahmen der Datendemokratisierung.

8.1.4 Auswahl und Einsatz von Tools

Der effiziente Einsatz der richtigen Tools trägt zur Demokratisierung von Daten bei. Es ist jedoch von entscheidender Bedeutung, diese Tools sorgfältig auszuwählen und dabei die Kompatibilität mit vorhandenen Systemen, Benutzerfreundlichkeit, Sicherheitsfunktionen und Skalierbarkeit im Auge zu behalten.

8.1.5 Datenkompetenz etablieren

Die Einrichtung eines starken Datenkompetenzprogramms ist von entscheidender Bedeutung, um die Belegschaft in die Lage zu versetzen, Daten effektiv zu nutzen und datengesteuerte Entscheidungen zu treffen. Dazu gehören Schulungsprogramme, die speziell auf die Verbesserung der Datenkompetenz und die Schaffung einer internen Kultur abzielen, die datengesteuerte Erkenntnisse wertschätzt.

8.1.6 Erleichterung der Datensicherheit

Datensicherheit ist ein Hauptanliegen bei der Datendemokratisierung. Daher umfasst eine robuste Infrastruktur auch starke Sicherheitssysteme, um Datenschutzverletzungen zu verhindern und die Datenintegrität aufrechtzuerhalten.

Zusammenfassend lässt sich sagen, dass der Aufbau einer robusten Dateninfrastruktur einen umfassenden Ansatz erfordert. Es geht darum, eine Umgebung zu schaffen, in der Daten für alle Bereiche der Organisation zugänglich, verwaltbar und interpretierbar sind. Die Gestaltung dieser Infrastruktur erfordert ein tiefes Verständnis der Bedürfnisse der Organisation sowie eine sorgfältige Planung und Ausführung. Der Aufbau einer solchen Infrastruktur bringt zwar eine Reihe von Herausforderungen mit sich, doch die Vorteile, die er in Bezug auf Entscheidungsfindung, Innovation und Kundenzufriedenheit mit sich bringt, machen den Aufwand lohnenswert.

9. Fallstudien: Erfolgsgeschichten der Datendemokratisierung

Fall 9: Nutzung der Datendemokratisierung bei Verizon Communication Inc.

Verizon Communications Inc., eines der größten Telekommunikationsunternehmen der Welt, erkannte das immense Potenzial, das in seinen Verbraucherdaten steckte, und erkannte die Herausforderung, diese Ressource aufgrund isolierter, verstreuter und unterschiedlicher Datenquellen zu nutzen. Die Organisation räumte ein, dass die Informationen nicht nur schwer zugänglich waren, sondern auch zu wenig genutzt wurden. Daher bestand ihre Lösung darin, eine Strategie zur Datendemokratisierung umzusetzen.

Verizons Ansatz zur Datendemokratisierung erfolgte in zwei spezifischen Schritten:

1. **Konsolidierung unterschiedlicher Daten** : In der ersten Phase ging es darum, alle unterschiedlichen Datenquellen unter einem Dach zusammenzuführen. Verizon konsolidierte Milliarden von Datenzeilen aus verschiedenen Quellen innerhalb des Unternehmens in einem einzigen, unternehmensweiten „Data Lake". Dieser Schritt erforderte erhebliche technologische Investitionen, war jedoch ein entscheidender Aspekt ihrer Strategie. Da die relevanten Daten an einem Ort zugänglich waren, war die Organisation besser in der Lage, aussagekräftige Erkenntnisse zu gewinnen und den Weg für die Demokratisierung zu ebnen.
2. **Implementierung von Self-Service Analytics** : In der zweiten Phase führte Verizon Self-Service Analytics für alle seine Mitarbeiter ein, nicht nur für Datenwissenschaftler oder IT-Experten. Das Ziel dieses Schrittes bestand darin, jeder Person in der Organisation die Möglichkeit zu geben, die Daten zur Beantwortung ihrer Fragen zu nutzen, die Produktivität zu steigern und fundiertere Entscheidungen zu treffen. Den Mitarbeitern wurden außerdem Schulungen und geeignete Tools zur Verfügung gestellt, die ihnen helfen, die Daten zu verstehen und zu interpretieren.

Die Umsetzung einer demokratisierten Datenstrategie brachte Verizon hervorragende Ergebnisse. Hier einige Highlights:

- **Verbesserte datengesteuerte Entscheidungsfindung** : Da alle Mitarbeiter Zugriff auf Daten hatten, wurden im Unternehmen mehr Entscheidungen auf der Grundlage realer Daten als auf Instinkt oder Voreingenommenheit getroffen. Das Personal war in der Lage, Verbraucherverhaltensmuster, Netzwerknutzung und mehr zu analysieren, was zu einer verbesserten Entscheidungsfindung auf allen Ebenen der Organisation führte.
- **Erhöhte Effizienz und Produktivität** : Mithilfe von Self-Service-Analysetools konnten Mitarbeiter ihre datenbezogenen Anfragen beantworten, ohne auf IT- oder Datenteams warten zu müssen, was Zeit sparte und die Produktivität steigerte.
- **Innovative Lösungen und Strategien** : Durch den demokratisierten Zugriff auf Daten konnten verschiedene Teams innovative Lösungen für Kundenprobleme entwickeln und neue Geschäftsstrategien entwickeln. Das Marketingteam war beispielsweise in der Lage, gezieltere und effektivere Kampagnen zu erstellen, indem es die Vorlieben und Verhaltensweisen der Kunden verstand.
- **Kulturelle Transformation** : Die vielleicht bemerkenswerteste Auswirkung der Datendemokratisierungsstrategie von Verizon war der Wandel in der Unternehmenskultur. Die Organisation entwickelte eine datengesteuerte Kultur, in der Daten zu einem entscheidenden Bestandteil alltäglicher Gespräche und Entscheidungsprozesse wurden.

Eine der wichtigsten Erkenntnisse aus der erfolgreichen Datendemokratisierungsgeschichte von Verizon ist, dass der Weg mehrphasig ist und die aktive Beteiligung aller Mitarbeiter erfordert. Sie haben bewiesen, dass Sie durch die Demokratisierung von Daten Silos auflösen, Transparenz fördern, Innovationen fördern und jeden Einzelnen in Ihrem Unternehmen in die Lage versetzen, Wachstum und Erfolg voranzutreiben.

Fallstudie 1: Procter & Gamble (P&G)

Procter & Gamble ist ein Paradebeispiel dafür, was eine Datendemokratisierung bewirken kann. Dieses multinationale Unternehmen revolutionierte seine Geschäftsabläufe, indem es Daten demokratisierte und Mitarbeitern – unabhängig von ihrer Rolle – Zugang zu datengesteuerten Erkenntnissen gewährte.

P&G nutzte die Datendemokratisierung, um die Prozesseffizienz zu steigern und die abteilungsübergreifende Zusammenarbeit zu verbessern. Zunächst nutzten sie leistungsstarke Datenvisualisierungstools wie Tableau, um es technisch nicht versierten Mitarbeitern zu erleichtern, Informationen visuell zu analysieren und datengesteuerte Entscheidungen zu treffen.

Durch die Förderung einer kollaborativen Datenkultur befähigte P&G seine Teams, wichtige Erkenntnisse zu gewinnen, die Effizienz zu steigern und die Effizienz zu optimieren. Die Demokratisierung von Daten führte zu einer Umsatzsteigerung des Unternehmens, da die Mitarbeiter effektiv Möglichkeiten für Kosteneinsparungen und Gewinnwachstum erkannten.

Demokratisierung in Aktion: Die Business Sphere Initiative

Eine der Hauptinitiativen, durch die P&G seine Daten demokratisierte, war die Business Sphere Strategy.

Vor der Umsetzung dieser Strategie lagen Daten isoliert in verschiedenen Abteilungen vor, was es schwierig machte, sie funktionsübergreifend zu teilen oder zu analysieren. P&G hat sich diesen Herausforderungen gestellt, indem es einen physischen und digitalen Raum für die Zusammenarbeit namens Business Sphere geschaffen hat. Dieser Visualisierungsraum ermöglichte es Teams, Geschäftstrends, Bedrohungen und Chancen in Echtzeit zu untersuchen.

Die Business Sphere Initiative bestand aus zwei Komponenten: den Decision Cockpits und der Business Sphere.

- **Entscheidungscockpits:** Hierbei handelte es sich um benutzerfreundliche Dashboards, die den Mitarbeitern Echtzeitzugriff auf kritische Daten boten. Als sichere, webbasierte Anwendungen ermöglichten sie den Mitarbeitern, Daten nach Bedarf zu filtern, zu sortieren und zu analysieren.
- **Geschäftsbereich:** Hierbei handelte es sich um einen physischen Besprechungsraum mit zwei 30-Fuß-Multitouch-Bildschirmen, auf denen Echtzeitdaten für umfassende analytische Erkenntnisse angezeigt wurden. Teammitglieder könnten mit Daten interagieren und so gemeinsame Erkenntnisse und kollaborative Lösungen entwickeln.

Durch den Einsatz dieser Lösungen hat P&G im Wesentlichen die Lücke zwischen Datenwissenschaftlern und Geschäftsleuten geschlossen. Die Initiative ermutigte die Mitarbeiter, kritisch zu denken, selbstgefällig zu hinterfragen und eine Kultur der Transparenz und Innovation zu fördern.

Ergebnis

Nach der Umsetzung von Datendemokratisierungsinitiativen berichtete P&G über eine effektivere Entscheidungsfindung, Kosteneinsparungen und höhere Umsätze. Das Unternehmen konnte verpasste Chancen in seinen Herstellungsprozessen im Wert von 200 Millionen US-Dollar identifizieren, Marketingstrategien verbessern und kundenorientierte Produkte entwickeln.

Trotz der hohen Anfangsinvestition erwies sich die Demokratisierungsstrategie von P&G letztendlich als eine sinnvolle Investition. Es ist ein Beweis dafür, wie die Demokratisierung von Daten die Geschäftsleistung eines Unternehmens steigern kann, indem eine integrative Datenkultur gefördert wird, die kollektive Intelligenz für die strategische Entscheidungsfindung nutzt.

Abschluss

Die Erfolgsgeschichte von P&G verdeutlicht die Macht der Demokratisierung von Daten in einem Unternehmen. Durch den Abbau hierarchischer Engpässe und die Gewährleistung der Zugänglichkeit, Zuverlässigkeit und Sicherheit ihrer Daten hat P&G anderen Unternehmen den Weg geebnet, ihrem Beispiel auf dem Weg zur Datendemokratisierung zu folgen. Es ist klar, dass die Demokratisierung von Daten nicht nur ein Schlagwort, sondern ein strategisches

Instrument ist, das außergewöhnliche Geschäftsergebnisse erzielen kann.

Fallstudie 1: Airbnb – Nutzung der Datendemokratisierung für strategische Entscheidungsfindung

Airbnb, der weltweite Moloch zum Teilen von Unterkünften, ist ein hervorragendes Beispiel für die erfolgreiche Umsetzung der Datendemokratisierung innerhalb einer Organisation. Da ein großes, weltweit verteiltes Team täglich strategische Entscheidungen trifft, brauchte Airbnb ein Warum, um sicherzustellen, dass die richtigen Daten zur richtigen Zeit den richtigen Personen zugänglich sind.

Airbnb erkannte die Bedeutung datengesteuerter Entscheidungsfindung und führte ein Tool namens „Airbnb Data University" ein. Die Initiative zielte darauf ab, ihre Belegschaft zu „Bürger-Datenwissenschaftlern" zu machen, unabhängig von ihrer Rolle, ihren technischen Fähigkeiten oder ihrem Hintergrund. Das Ziel war einfach: jedem im Unternehmen die erforderlichen Fähigkeiten zu vermitteln, um datenbasierte Entscheidungen zu treffen.

Die Airbnb Data University ist ein umfassendes Programm, das eine Reihe von Schulungsmodulen und Kursen umfasst, die von grundlegender Datenerziehung bis hin zu fortgeschrittenen datenwissenschaftlichen Themen reichen. Einer der faszinierendsten Aspekte ihrer Demokratisierungsstrategie ist die Tatsache, dass die Kurse von Airbnb-Datenwissenschaftlern moderiert werden. Dieser Mentoring-Ansatz ermöglicht es den Mitarbeitern, direkt von denen zu lernen, die die Daten des Unternehmens am besten kennen.

Das Ergebnis? Heute verfügen über 500 Mitarbeiter im gesamten Unternehmen (nicht nur diejenigen in technischen oder datenorientierten Rollen) über mehr Datenkompetenz und nutzen häufig die Datentools und Dashboards von Airbnb für eine fundierte Entscheidungsfindung. Das gemeinsame Verständnis von Daten, die jetzt im gesamten Unternehmen verteilt sind, hat die Effizienz gesteigert, die strategische Entscheidungsfindung verbessert und zu besseren Kundeneinblicken geführt.

Fallstudie 2: Spotify – Demokratisierung von Daten zur Verbesserung der Benutzererfahrung

Spotify, die erstklassige Musik-Streaming-Plattform, hat sich der Datendemokratisierung zugewandt, um das Benutzererlebnis zu personalisieren und zu verbessern. Trotz ihres riesigen Kundenstamms wird Spotifys Vision, jedem seiner Nutzer eine einzigartige und personalisierte Plattform bereitzustellen, durch die effektive Nutzung von Daten ermöglicht.

Da mehrere Teams auf riesige Datenmengen zugreifen, hat sich Spotify vom traditionellen Data-Warehouse-Modell gelöst und einen maßgeschneiderten Ansatz entwickelt, bei dem die Daten zentralisiert, aber für jedes Team zugänglich sind. Dies ist als „Data Lake"-Ansatz bekannt. Mitarbeiter können die Datenpools für ihre spezifischen Bedürfnisse erkunden, experimentieren und daraus Erkenntnisse ziehen.

Diese Kultur der Datendemokratisierung spielte eine entscheidende Rolle bei der Entwicklung einzigartiger Features wie „Discover Weekly" und „Year in Music". Diese Funktionen nutzen Benutzerdaten, um eine personalisierte

Songliste zu erstellen, die auf der bisherigen Musikauswahl, dem Hörverhalten und den Vorlieben der Benutzer basiert.

Durch die Demokratisierung des Datenzugriffs im gesamten Unternehmen kann Spotify agil bleiben, mit neuen Ideen experimentieren und sein Benutzererlebnis kontinuierlich verbessern. Diese Änderungen haben wiederum das Engagement und die Zufriedenheit der Benutzer erhöht.

Fallstudie 3: Zillow – Demokratisierung von Daten für Transparenz und Vertrauen

Zillow, ein führender Immobilien- und Vermietungsmarktplatz, nutzte die Kraft der Datendemokratisierung, um die Immobilienbranche zu revolutionieren. Sie sorgten für Transparenz in der Branche, indem sie der Öffentlichkeit wertvolle Daten zugänglich machten, die zuvor nur Immobilienmaklern und Maklern zugänglich waren.

Die Datennutzung bei Zillow ist breit gefächert, umfasst aber auch Hauswerte, Preissenkungen, Zwangsvollstreckungen sowie Schul- und Nachbarschaftsinformationen. Mit der Bereitstellung solch umfangreicher, umfassender Daten gab Zillow den Käufern und Verkäufern von Eigenheimen die Macht zurück, indem es ihnen ermöglichte, fundierte Entscheidungen auf der Grundlage von Fakten und Zahlen zu treffen.

Infolgedessen hat sich die Benutzerbasis von Zillow im Laufe der Jahre erheblich erweitert. Diese Transparenz hat nicht nur Vertrauen aufgebaut, sondern auch die Geschäftseffizienz erheblich gesteigert, da Kunden bei ihren

Interaktionen mit Agenten und Maklern besser informiert und vorbereitet sind.

Jede dieser Erfolgsgeschichten ist ein klares und bedeutendes Beispiel für die Datendemokratisierung in der Praxis. Durch den Abbau der Barrieren bei der Datenzugänglichkeit und die Ausstattung aller Teammitglieder mit Datenkompetenzen haben diese Organisationen die immensen Vorteile einer datengesteuerten Kultur erkannt.

Fallstudie 1: Netflix – Demokratisierung von Daten in der Unterhaltungsbranche

Netflix ist ein beispielhaftes Beispiel dafür, wie ein Unternehmen die Datendemokratisierung nutzen kann, um eine Branche zu revolutionieren. Traditionelle Unterhaltungsunternehmen treffen ihre Entscheidungen oft auf der Grundlage der Intuition einiger weniger Personen, die ein vermeintliches Verständnis für die Interessen des Publikums haben. Netflix hingegen hat Daten effektiv demokratisiert, um fundierte Entscheidungen zu treffen, die den Vorlieben seines großen Publikums gerecht werden.

Datensilos aufbrechen

Bei Netflix werden Daten aus verschiedenen Quellen integriert, darunter Sehgewohnheiten der Kunden, Nutzerbewertungen, soziale Medien und externe Datensätze. Diese Daten werden teamübergreifend zugänglich gemacht und nicht in Silos unterteilt. Durch den Abbau von Datensilos fördert Netflix eine Kultur, in der jeder

Entscheidungsträger direkten Zugriff auf die Daten des Unternehmens hat und so sichergestellt wird, dass jede Entscheidung auf Erkenntnissen aus umfassenden Daten basiert.

Datengesteuerte Entscheidungsfindung

Mit einzigartigen Einblicken in die Sehgewohnheiten und Vorlieben jedes einzelnen seiner Millionen Nutzer nutzt Netflix Big-Data-Analysen, um Muster zu erkennen und Trends zu analysieren. Das Ergebnis ist eine beispiellose Personalisierung, die über bloße Empfehlungen hinausgeht. Netflix hat Originalinhalte auf der Grundlage solch detaillierter Publikumsanalysen in Auftrag gegeben, mit überaus erfolgreichen Ergebnissen – man bedenke die Beliebtheit von Sendungen wie „House of Cards" und „Stranger Things", die beide nach datengesteuerten Entscheidungen in Auftrag gegeben wurden.

Mitarbeiter stärken

Netflix ermöglicht seinen Mitarbeitern, Daten für den Entscheidungsprozess zu nutzen. Jedes Teammitglied ist im Umgang mit Daten und der Interpretation der Ergebnisse geschult. Eine solche Ermächtigung fördert eine datengesteuerte Kultur und ermutigt dazu, dass innovative Ideen auf allen Ebenen innerhalb ihrer Organisation auftauchen.

Implementierung einer effektiven Datenverwaltung

Während Netflix den Datenzugriff demokratisiert, implementiert es auch robuste Data-Governance-Praktiken. Es unterhält ein umfassendes Metadaten-Repository, das den Mitarbeitern hilft, die Daten zu verstehen und zu analysieren. Darüber hinaus werden Sicherheitsmaßnahmen eingeführt, um den Zugriff zu verwalten, die autorisierte Nutzung sicherzustellen und die Privatsphäre der Benutzer zu respektieren.

Das Ergebnis

Die Einführung der Datendemokratisierung durch Netflix hat zu einem phänomenalen Erfolg geführt. Ihre personalisierten Empfehlungen fesseln die Nutzer und ihre datengesteuerten Originalinhalte finden beim Publikum auf der ganzen Welt großen Anklang. Heute ist Netflix ein Branchenführer in der wettbewerbsintensiven Landschaft digitaler Streaming-Dienste.

Der Fall Netflix bietet unschätzbare Lehren für jedes Unternehmen, das Daten demokratisieren möchte. Es zeigt, wie wichtig die Integration von Daten aus verschiedenen Quellen, die Förderung einer datengesteuerten Kultur und die Implementierung robuster Data-Governance-Praktiken sind. Es zeigt vor allem, dass Daten, wenn sie für alle zugänglich gemacht werden, zu einem leistungsstarken Werkzeug für Innovation, Kundenzufriedenheit und letztendlich Geschäftserfolg werden.

Reddit: Datendemokratisierung für Wachstum nutzen

Ein hervorragendes Beispiel für die Macht der Datendemokratisierung ist Reddit – eine Website zur

Aggregation, Diskussion und Bewertung von Webinhalten in sozialen Netzwerken. Reddit wird oft als „die Titelseite des Internets" bezeichnet, und das aus gutem Grund. Es handelt sich um eine Plattform, auf der Gemeinschaften von Hunderttausenden bis Millionen Menschen zusammenkommen, um Inhalte aller Art zu diskutieren, zu teilen und mit ihnen zu interagieren. Mit mehr als einer Milliarde Besuchen pro Monat generiert Reddit eine astronomische Menge an Daten, die einen strategischen Umgang erfordern.

Um den potenziellen Wert dieser Daten zu maximieren, hat Reddit beschlossen, sie zu demokratisieren. Eines der wichtigsten Mittel, mit denen Reddit seine Daten demokratisiert, besteht darin, sie der Öffentlichkeit leicht zugänglich zu machen. Reddit erreicht dies durch seine offene öffentliche API, die es Benutzern ermöglicht, öffentliche Reddit-Daten für ihre Projekte zu nutzen. Diese Offenheit ermöglicht kreative Anwendungen, von der Analyse sozialer Stimmungen bis hin zu verschiedenen Arten der Inhaltskuration und Personalisierungsimplementierungen.

Auch aus interner Sicht betreibt Reddit eine Kultur der Datendemokratisierung. Die Plattform nutzt eine Reihe von Datenanalysetools, um abteilungsübergreifenden Teams sofortigen Zugriff auf die erforderlichen Datensätze zu ermöglichen. Diese Strategie hat zu mehreren positiven Ergebnissen geführt.

Erhöhte Datenkompetenz

Durch den teamübergreifenden Zugriff auf Daten hat Reddit seine Mitarbeiter effektiv dazu ermutigt, ihre Datenkompetenz zu verbessern. Dies ist ein wesentlicher Bestandteil einer Datendemokratisierungsstrategie, da ein

Team, das weiß, wie man Daten liest, interpretiert und damit umgeht, mit größerer Wahrscheinlichkeit datenbasierte Entscheidungen trifft. Die Belegschaft von Reddit ist mittlerweile mit dem Zugriff auf und der Nutzung von Daten bestens vertraut, was insgesamt zu einer Steigerung der Effizienz und Effektivität führt.

Verbesserte Zusammenarbeit

Die Demokratisierung der Daten bei Reddit hat auch zu einer verbesserten Zusammenarbeit auf der gesamten Plattform geführt. Teams haben einfachen Zugriff auf Erkenntnisse aus Datenanalysen und können produktiver zusammenarbeiten, um Probleme zu lösen, Chancen zu identifizieren und proaktive, fundierte Entscheidungen zu treffen.

Innovation und Wachstum

Der offene Zugang zu Daten fördert Innovationen, wie die Erfahrung von Reddit zeigt. Mitarbeiter aller Ebenen können auf der Grundlage von Daten Änderungen und Lösungen vorschlagen und so eine Kultur der kontinuierlichen Verbesserung fördern. Die Nutzung von Daten zur Entscheidungsfindung hat zu effizienteren Prozessen, verbesserten Benutzererlebnissen und letztendlich zu einem Wachstum geführt.

Der Ansatz von Reddit ist ein Beweis dafür, welche Macht die Datendemokratisierung haben kann, wenn sie richtig angewendet wird. Durch die Integration benutzerfreundlicher Datenanalysetools, die Pflege einer Kultur, die Datenkompetenz schätzt, und die Schaffung einer Umgebung, in der Daten zugänglich und nutzbar sind, konnte Reddit im Laufe der Jahre exponentiell wachsen. Es dient als Fallstudie für Organisationen, die die

Datendemokratisierung für ihr Wachstum und ihren Erfolg nutzen möchten.

10. Die Zukunft der Datendemokratisierung: Trends und Prognosen.

Trend 1: Zunehmender Einsatz von maschinellem Lernen und künstlicher Intelligenz

Angesichts der kontinuierlichen Weiterentwicklung der Technologie ist eine der wichtigsten Prognosen für die Zukunft der Datendemokratisierung der zunehmende Einsatz von maschinellem Lernen und künstlicher Intelligenz.

Technologien des maschinellen Lernens (ML) und der künstlichen Intelligenz (KI) haben sich bei der Revolutionierung von Branchen auf breiter Front bewährt, und ihre Anwendung bei der Datendemokratisierung ist nicht anders. Das Ziel dieser Techniken ist klar: Maschinen in die Lage zu versetzen, automatisch Erkenntnisse aus großen Datenmengen zu gewinnen. Dies erhöht die Effizienz, Genauigkeit und Geschwindigkeit in Entscheidungsprozessen.

KI- und ML-Tools können Muster und Trends in den Daten aufdecken, die für Menschen möglicherweise nicht leicht erkennbar sind. Ein prognostizierter Trend besteht darin, diese technologischen Tools zu nutzen, um große

Datenmengen zu verarbeiten und die notwendigen
Erkenntnisse in Echtzeit bereitzustellen. Mithilfe von ML und
KI können Unternehmen alltägliche Aufgaben automatisieren
und menschlichen Aufwand und Zeit für strategischere
Aufgaben freisetzen.

Trend 2: Verbesserte Datenkompetenz

Daten nützen nichts, wenn man nicht interpretieren kann,
was sie sagen, weshalb Datenkompetenz immer wichtiger
wird. Innovation und Wandel sind mit der
Datendemokratisierung verbunden, aber das übergeordnete
Ziel besteht darin, Daten verständlicher und nutzbarer zu
machen.

Bei dieser Entwicklung geht es nicht nur darum, Zugang zu
Daten zu haben. Benutzer müssen in der Lage sein, Daten
zu lesen, zu interpretieren, zu bearbeiten und mit ihnen zu
kommunizieren. Da die Demokratisierung von Daten in allen
Unternehmen an Dynamik gewinnt, können wir davon
ausgehen, dass Programme zur Verbesserung der
Datenkompetenz im Mittelpunkt stehen werden.
Verschiedene Organisationen unternehmen bereits
Anstrengungen, die Datenkompetenz abteilungsübergreifend
zu fördern.

Trend 3: Ausbau von Self-Service-Business-Intelligence-Tools

Self-Service-Business-Intelligence-Tools haben sich als
entscheidend für die Datendemokratisierung erwiesen.

Diese hochentwickelten Plattformen bieten benutzerfreundliche Schnittstellen, die einfach zu bedienen sind und nur minimale technische Kenntnisse erfordern. Sie erleichtern technisch nicht versierten Benutzern den Zugriff, die Analyse und die Visualisierung von Daten.

Da diese Tools immer zugänglicher werden, ist ein Trend, den man im Auge behalten sollte, die Erweiterung und Verfeinerung dieser Self-Service-Lösungen. Sie werden mit benutzerfreundlicheren Schnittstellen und Drag-and-Drop-Funktionen ausgestattet und können die Datenanalyse einfacher als je zuvor erscheinen lassen.

Trend 4: Stärkere Datenverwaltung

Die Datendemokratisierung hat ihre Herausforderungen, einschließlich der Wahrung des Datenschutzes und der Datensicherheit. Je mehr Mitarbeiter Zugriff auf Daten erhalten, desto größer werden die Risiken. Ein wesentlicher Trend im Zusammenhang mit der Datendemokratisierung ist daher die Stärkung der Daten-Governance-Richtlinien. Eine ordnungsgemäße Datenverwaltung stellt sicher, dass Daten ordnungsgemäß und effizient genutzt werden und gleichzeitig Risiken minimiert werden.

Trend 5: Cloudbasierte Datendemokratisierung

Cloud-Technologie ist bereits heute ein untrennbarer Bestandteil der digitalen Welt. Im Hinblick auf die Datendemokratisierung bieten Cloud-Technologien skalierbare, flexible und wirtschaftliche Lösungen für die Datenspeicherung und -verarbeitung.

Durch die cloudbasierte Datendemokratisierung können Unternehmen ihre Daten zentralisieren und so verschiedenen Benutzern einen kontrollierten Zugriff ermöglichen. Dies verbessert die Zusammenarbeit, verbessert die Effizienz und hilft, schnelle Entscheidungen zu treffen.

Abschluss

Während die Datendemokratisierung unzählige Vorteile verspricht, sollte ihre Umsetzung ein strategischer und sorgfältiger Prozess sein. Es muss eng mit den Unternehmenszielen und der gesamten Geschäftsstrategie verknüpft sein. Mit den oben genannten Trends, gepaart mit angemessener Schulung, Governance und einer Kultur der Datennutzung, werden Unternehmen dank der Datendemokratisierung einen erheblichen Wandel erleben.

10.1 Datendemokratisierung: Der Zukunft entgegentreten

In einer Zeit, in der Informationen die neue Währung sind und ihre Kontrolle über die Macht entscheidet, ist das Verständnis der zukünftigen Trends der Datendemokratisierung für moderne Unternehmen, die strategische Hebelwirkung anstreben, von entscheidender Bedeutung. Schauen wir uns also einige wichtige Trends und Vorhersagen an, die auf die Zukunft dieser demokratischen Datenlandschaft hinweisen.

KI und maschinelles Lernen: Demokratisierung der Entscheidungsfindung

Künstliche Intelligenz (KI) und maschinelles Lernen (ML) revolutionieren alltägliche Prozesse, indem sie es Maschinen ermöglichen, aus Datenmustern zu lernen und zukünftige Ergebnisse vorherzusagen. Es wird prognostiziert, dass wir mit zunehmender Komplexität und Zugänglichkeit der KI einen Anstieg der Unternehmen erleben werden, die KI-Funktionen in ihre Plattformen integrieren, um die Datenanalyse zu automatisieren. Das Ergebnis? Nicht nur die Demokratisierung von Daten, sondern auch die Demokratisierung der Entscheidungsfindung, wodurch ein breiteres Spektrum von Mitarbeitern in die Lage versetzt wird, datengesteuerte Entscheidungen zu treffen.

Aufstieg der Data Lakehouses

Data Lakehouses erweisen sich als neuer Trend im Big-Data-Bereich und vereinen die besten Elemente aus Data Lakes und Data Warehouses. Im Gegensatz zu herkömmlichen Data Warehouses verwalten Data Lakehouses große Mengen roher, granularer Daten und ermöglichen so flexiblere und umfassendere Analysen. Die absehbare Zukunft deutet auf eine zunehmende Verbreitung von Data Lakehouses hin, wodurch diese Technologie möglicherweise zu einem wichtigen Treiber für die Datendemokratisierung wird.

Datenkompetenz: Grundstein der Datenkultur

Da die Datendemokratisierung immer beliebter wird, steigt auch die Nachfrage nach Datenkompetenz, der Fähigkeit, Daten sicher zu analysieren, zu interpretieren und zu kommunizieren. Unternehmen werden wahrscheinlich verstärkt Wert darauf legen, ihre Mitarbeiter in Datenkompetenz zu schulen und eine Datenkultur zu

fördern, die Daten bei jeder Gelegenheit wertschätzt und
nutzt.

Privacy Tech: Balance zwischen Zugang und Datenschutz

Da immer mehr Menschen Zugriff auf Daten erhalten, wird
der Datenschutz zu einem immer wichtigeren Anliegen.
Datenschutztechnologien, die dazu beitragen können, Zugriff
und Privatsphäre in Einklang zu bringen, werden von
entscheidender Bedeutung sein. Verschlüsselung,
Pseudonymisierung und differenzierter Datenschutz sind nur
einige der Technologien, die voraussichtlich den Horizont
prägen werden.

Konzentrieren Sie sich auf Data Governance

Mit zunehmender Datendemokratisierung wird der Bedarf an
einer effektiven Datenverwaltung – einem Rahmen für die
Verwaltung der Datenverfügbarkeit, Benutzerfreundlichkeit,
Integrität und Sicherheit innerhalb einer Organisation – wohl
zunehmen. Ohne eine solide Data-Governance-Strategie
laufen Unternehmen Gefahr, dass Daten missbraucht und
falsch interpretiert werden.

Der Beginn der Datenoperationen

Data Ops (Datenoperationen), eine automatisierte,
prozessorientierte Methodik, wird eingesetzt, um die Qualität
und Geschwindigkeit der Datenanalyse zu verbessern. Da
Unternehmen Strategien zur Demokratisierung ihrer Daten
entwickeln, wird erwartet, dass der Einsatz von Data Ops
zunimmt und Unternehmen dabei hilft, schnellere und
zuverlässige Datenanalysen nahezu in Echtzeit zu
erreichen.

Unternehmensführer und Entscheidungsträger müssen diese Trends im Auge behalten, um sicherzustellen, dass sie bei der Integration der Datendemokratisierung in ihre Unternehmensstrategien einen Schritt voraus sind. Bei strategischer Umsetzung kann die Nutzung dieser Trends dazu beitragen, ein Umfeld zu schaffen, das Transparenz, Inklusivität und Innovation fördert und letztendlich eine leistungsfähige und datengesteuerte Unternehmenskultur fördert.

Das Erkennen der Chancen und Herausforderungen im Wandel hin zur Datendemokratisierung wird Unternehmen davon profitieren, diese demokratisierte Datenlandschaft zu ihrem Vorteil zu nutzen. Es ist eine aufregende, herausfordernde Reise – aber eine, die denjenigen, die diesen Weg beschreiten, eine Fülle von Vorteilen verspricht.

Predictive Analytics – Transformation der Geschäftsentscheidungsfindung

Predictive Analytics, ein Algorithmus für maschinelles Lernen, antizipiert zukünftige Trends auf der Grundlage historischer Daten. Es wird erwartet, dass es in den kommenden Jahren eine entscheidende Rolle bei der Datendemokratisierung spielen wird und Benutzern über Datenwissenschaftler und -analysten hinaus mehr Möglichkeiten bietet. Indem Predictive Analytics einen vorausschauenden Überblick über die wahrscheinlichen Ergebnisse liefert, kann es Entscheidungsträgern ermöglichen, ihre Strategien präventiv zu ändern, was zu besseren Ergebnissen und einer möglichen Schadensminderung führt.

Bis vor Kurzem war Predictive Analytics die Domäne von Datenwissenschaftlern und -analysten. Dank ausgefeilter Tools und Plattformen können nun auch technisch nicht versierte Benutzer von den Vorteilen profitieren, indem sie Vorhersagemodelle erstellen und komplexe Datenvisualisierungen analysieren. Wenn Unternehmen beginnen, den Wert der prädiktiven Analyse zu erkennen, wird sie mit Sicherheit noch mehr an Dynamik gewinnen. Eine demokratisierte Datenkultur überträgt die Macht der Vorhersage natürlich in die Hände von mehr Entscheidungsträgern im gesamten Unternehmen und ermöglicht es ihnen, aus den Erkenntnissen Kapital zu schlagen.

Demokratisierte KI – Intelligenz in die Massen bringen

Künstliche Intelligenz (KI) ist nicht mehr auf Science-Fiction-Filme oder Techniklabore beschränkt. Organisationen auf der ganzen Welt machen sich die Macht der KI zunutze, und ihre Demokratisierung ist der nächste logische Schritt. Demokratisierte KI bezieht sich auf den Trend, KI-Technologie der breiten Masse und nicht nur einigen wenigen Auserwählten zugänglich zu machen.

Demokratisierte KI kann die Zukunft der Datendemokratisierung durch maschinelle Lernalgorithmen, Verarbeitung natürlicher Sprache und mehr neu definieren. Normale Mitarbeiter, nicht nur Datenwissenschaftler oder IT-Experten, können auf komplexe Daten zugreifen und diese interpretieren und so datengesteuerte Entscheidungen auf allen Ebenen der Organisation treffen.

Die Verfügbarkeit zugänglicher KI-Plattformen und die Verfügbarkeit großer Datensätze ebnen den Weg für eine demokratisierte KI. Es stärkt Unternehmen, Benutzer und Entwickler, indem es traditionelle Engpässe im Zusammenhang mit der KI-Implementierung wie Fachwissen oder hohe Kosten beseitigt.

Verbesserungen bei Data Governance und Datenschutz

Die Zukunft der Datendemokratisierung liegt auch darin, wie Unternehmen ihre Daten-Governance- und Datenschutzbestimmungen verwalten. Da immer mehr Daten generiert und zwischen Organisationen ausgetauscht werden, wird der Bedarf an strengen Governance-, Datenschutz- und Sicherheitsmaßnahmen immer wichtiger. Die Datendemokratisierung umfasst nicht nur den Zugriff und die Analyse von Daten, sondern auch deren ethische Nutzung.

Mit der Einführung strenger Vorschriften wie der DSGVO in Europa und der CCPA in Kalifornien müssen Unternehmen sicherstellen, dass die Datendemokratisierung den Datenschutz und die Datensicherheit nicht beeinträchtigt. Es wird erwartet, dass Technologien wie Blockchain den Trend zur sicheren Datendemokratisierung vorantreiben, indem sie eine dezentrale und transparente Datenspeicherung ermöglichen. Bei Compliance wird es nicht nur um die Einhaltung von Gesetzen gehen, sondern sie wird ein Dreh- und Angelpunkt für die Aufrechterhaltung des Kundenvertrauens in einem zunehmend datenbewussten Geschäftsumfeld sein.

Self-Service-Datentools – Der Aufstieg der Citizen Data Scientists

Es wird prognostiziert, dass Self-Service-Datentools in der Zukunft der Datendemokratisierung mehr Abnehmer finden werden. Anstatt sich auf Datenteams zu verlassen, ermöglichen diese Tools es Geschäftsanwendern, selbst auf Daten zuzugreifen und diese zu analysieren. Diese „Citizen Data Scientists" können vorgefertigte Algorithmen und Modelle nutzen, um Daten abzurufen, zu bereinigen, zusammenzuführen, zu manipulieren und zu analysieren, und das alles mit minimaler Unterstützung durch IT- oder Datenteams.

Diese Tools demokratisieren die Datenwissenschaft, indem sie komplexe Aufgaben in ihre Plattform integrieren und es Benutzern ermöglichen, Erkenntnisse zu gewinnen, ohne ein tiefes Verständnis der zugrunde liegenden Datenwissenschaft zu benötigen. Mit der zunehmenden Verbreitung von Self-Service-Datentools können Unternehmen ihre Effizienz erheblich steigern und ihnen dabei helfen, datengesteuerte Geschäftsentscheidungen schneller zu treffen.

Abschluss

Die Zukunft birgt ein enormes Potenzial für die Datendemokratisierung, an deren Spitze prädiktive Analysen, demokratisierte KI, effektive Datenverwaltung und Self-Service-Tools stehen. Da Unternehmen bestrebt sind, aus den täglich generierten riesigen Datenmengen Sinn zu machen und Mehrwert zu gewinnen, bewegen sie sich in Richtung einer demokratisierten Datenkultur. Allerdings müssen die Beteiligten sicherstellen, dass diese Transformation ethisch vertretbar ist und dabei die möglichen Auswirkungen auf Datenschutz und Sicherheit berücksichtigen. Die Datendemokratisierung könnte durchaus die revolutionäre Kraft sein, die die Zukunft der

Unternehmenslandschaft vorantreibt, vorausgesetzt, sie wird umsichtig und nachhaltig umgesetzt.

Demokratisierung von Daten im Zeitalter von maschinellem Lernen und KI

Im Zeitalter der digitalen Transformation sind künstliche Intelligenz und maschinelles Lernen zwei wichtige Toolsets, die die Lücke zwischen komplexen Daten und umsetzbaren Erkenntnissen schließen. Da Unternehmen KI- und ML-Technologien für ihre Datenoperationen einsetzen, spielt ein breiterer Zugriff auf Daten innerhalb einer Organisation eine entscheidende Rolle für Effektivität, Verständlichkeit und Nutzung.

KI und maschinelles Lernen treiben die Datendemokratisierung voran

Künstliche Intelligenz und maschinelles Lernen sind in der Lage, große Datenmengen in einem noch nie dagewesenen Ausmaß zu verarbeiten und eröffnen so das Potenzial für Unternehmen, schnelle, datengesteuerte Entscheidungen zu treffen. Daher kann die Konsolidierung dieser hochmodernen Technologien mit der Datendemokratisierung die Belastung von IT-Teams und Datenanalysten verringern, indem nicht-technisches Personal in die Lage versetzt wird, effizient auf Daten zuzugreifen, sie zu interpretieren und zu nutzen.

Algorithmen für maschinelles Lernen können implementiert werden, um die Daten zu filtern und zu bereinigen und Unregelmäßigkeiten und Duplikate zu erkennen, die andernfalls zu ungenauen Analysen führen könnten. Diese technologiegesteuerten Prozesse verdeutlichen den Beitrag der Datendemokratisierung, indem sie sicherstellen, dass die Daten, auf die verschiedene Teams zugreifen, sauber, genau und aussagekräftig sind. Dadurch werden Daten nicht nur für alle im Unternehmen zugänglich, sondern auch wertvoll, sei es im Betrieb, im Vertrieb, im Marketing oder im Kundenservice.

Fortschrittliche Datenvisualisierung stärkt die Datendemokratisierung

Da große Datenmengen leicht zugänglich sind, ist die Darstellung dieser Daten auf leicht interpretierbare Weise die nächste große Herausforderung für Unternehmen. Fortschrittliche Datenvisualisierungstools stellen sich dieser Herausforderung und ermöglichen es Benutzern, mit den Daten zu interagieren und Trends, Ausreißer und Muster effektiv zu untersuchen.

Mithilfe der erweiterten Datenvisualisierung können Self-Service-Analyseberichte erstellt werden, die auch für technisch nicht versierte Benutzer leicht verständlich sind. Dies ist ein wichtiger Schritt in Richtung Demokratisierung von Daten, da es alle Arbeitnehmer befähigt, nicht nur die wenigen, die komplexe Datenprozesse oder Analysen verstehen.

Datendemokratisierung im Zeitalter erhöhter Sicherheit

Mit der weiteren Demokratisierung von Daten müssen Unternehmen künftig mehr Aufmerksamkeit auf Datenschutz, Governance und Sicherheit richten. Die Sicherstellung, dass diese wesentlichen Elemente vorhanden sind, wird von entscheidender Bedeutung sein, um das Vertrauen der Benutzer aufrechtzuerhalten und gleichzeitig die Datenexploration und -entdeckung zu fördern.

Neue Technologien und verbesserte Sicherheitsmaßnahmen, wie differenzielle Datenschutz- oder Zugangskontrollsysteme, werden entwickelt und verfeinert, um sensible Informationen zu schützen und gleichzeitig den freien Fluss nicht sensibler Informationen aufrechtzuerhalten. Dies wird es Unternehmen ermöglichen, die Notwendigkeit von Offenheit und Datenschutz in Einklang zu bringen.

Prädiktive und präskriptive Analytik: Die nächste Grenze

Da die Datendemokratisierung immer stärker in den Geschäftsalltag von Unternehmen integriert wird, wird der Einsatz prädiktiver und präskriptiver Analysen zunehmen. Diese Methoden nutzen historische Daten und KI-Algorithmen, um zukünftige Ereignisse vorherzusagen und mögliche Maßnahmen vorzuschlagen. Dieser Sprung über das, was geschieht oder warum es geschieht, hin zu dem, was geschehen wird und wie wir es bewirken können, wird die datengesteuerte Entscheidungsfindung grundlegend verändern.

Einzelpersonen befähigen, Citizen Data Scientists zu werden

Mit der Weiterentwicklung von KI-Tools und dem eskalierten Prozess der Datendemokratisierung könnte es in Zukunft zu einem verstärkten Aufstieg von „Citizen Data Scientists" kommen. Diese Personen sind zwar keine

Datenwissenschaftler von Beruf, verfügen jedoch über
Kenntnisse im Umgang mit Technologie zur Durchführung
anspruchsvoller Diagnosen sowie prädiktiver und
präskriptiver Analysen, die ansonsten professionellen
Datenwissenschaftlern vorbehalten sind.

Dieser tiefgreifende Wandel wird die Geschäftslandschaft
revolutionieren, indem er Erkenntnisse über alle Aspekte
der Organisation hinweg skaliert und ein Umfeld schafft, in
dem jede Entscheidung auf Daten basieren kann.

Organisationen sollten sich jedoch auch darüber im Klaren
sein, dass sie, um sicherzustellen, dass sich die
Datendemokratisierung als erfolgreich erweist, die damit
verbundenen Herausforderungen angehen müssen,
insbesondere im Hinblick auf Datenschutz und Datenschutz.
Auf diese Weise können Unternehmen nicht nur Daten zu
einem integralen Bestandteil ihrer Abläufe machen, sondern
auch eine Kultur der Datenkompetenz pflegen und jeden im
Unternehmen mit den Werkzeugen ausstatten, die er zum
Vorantreiben des Unternehmens braucht.

Wenn wir in die Zukunft der Datendemokratisierung blicken,
ist es abschließend offensichtlich, dass ihre Entwicklung
durch das Aufkommen von KI und ML, fortschrittlicher
Datenvisualisierung, erhöhter Datensicherheit und dem
Aufstieg von Citizen Data Scientists gekennzeichnet sein
wird. Die Organisationen, die in dieser neuen Ära führend
sein werden, werden diejenigen sein, die in der Lage sind,
die Macht der Datendemokratisierung zu nutzen, um ihre
strategischen Ziele zu erreichen. Durch die Stärkung jedes
Einzelnen im Unternehmen kann die Datendemokratisierung
beispiellose Innovation und Effizienz ermöglichen und so
das Unternehmenswachstum und den Erfolg in den
kommenden Jahren vorantreiben.

Kapitel 10.2: Künstliche Intelligenz und maschinelles Lernen

In der Welt der robusten Datengenerierung und -verwaltung dienen künstliche Intelligenz (KI) und maschinelles Lernen (ML) als leistungsstarke Güter. Diese technologischen Fortschritte haben bereits begonnen, die Beschleunigung der Datendemokratisierung zu diktieren.

Künstliche Intelligenz und maschinelles Lernen können große Datenmengen verarbeiten, Muster erkennen, aus Erfahrungen lernen und genaue Vorhersagen treffen. Sie können Daten wirkungsvoll interpretieren und in nützliche Informationen umwandeln, wodurch der Bedarf an manuellen Eingriffen und die Verarbeitungszeit reduziert werden. Die Entwicklung von KI und ML könnte zur Entwicklung von Self-Service-Tools zur Datenaufbereitung führen, die Unternehmen dabei helfen können, Daten schnell zu bereinigen, anzureichern und zu konsolidieren, selbst wenn ihnen technische Kenntnisse fehlen.

KI demokratisiert Daten weiter, indem sie den Prozess der Erkenntnisgewinnung beschleunigt. Datenkonsumenten arbeiten beispielsweise mit KI zusammen, um schnell Antworten auf komplexe Geschäftsfragen zu erhalten, ohne dass Datenwissenschaftler erforderlich sind. Auf diese Weise erhöht künstliche Intelligenz die Wirksamkeit der Datendemokratisierung, indem sie sie sowohl benutzerfreundlich als auch zeiteffizient macht.

Eine Welt, in der Daten mithilfe von KI und maschinellem Lernen verarbeitet werden, ist eine Welt, in der Mitarbeiter im gesamten Unternehmen datengesteuerte Erkenntnisse nutzen können, um ihren Entscheidungsprozess zu beeinflussen. Mit der Weiterentwicklung dieser Technologien und ihrer stärkeren Integration in unsere Systeme nimmt die Fähigkeit zur Datendemokratisierung, die Geschäftslandschaft zu verändern, weiter zu.

Autonome Datensysteme

Da prädiktive Analysen immer ausgefeilter werden, können wir mit der Entstehung autonomer Datensysteme rechnen. Diese Technologie nutzt künstliche Intelligenz und maschinelles Lernen, um automatisch Erkenntnisse zu gewinnen. Sie können externe Datenquellen untersuchen, Schlussfolgerungen ziehen, Erkenntnisse gewinnen, Prognosen erstellen und sogar Maßnahmen empfehlen – alles ohne menschliches Eingreifen.

Autonome Datensysteme sind von Natur aus geeignet, riesige Datenmengen zu verarbeiten, Muster zu erkennen und Analysen zu erstellen. Ihre beeindruckenden Lern- und Anpassungsfähigkeiten werden die Demokratisierung von Daten vorantreiben, indem sie datengesteuerte Praktiken nahtlos in den täglichen Geschäftsbetrieb integrieren.

Deep Learning und neuronale Netze

Ein weiterer spannender Durchbruch bei der Demokratisierung von Daten, auf den wir uns freuen, ist die Anwendung von Deep Learning und neuronalen Netzen. Diese hochentwickelten Technologien können mit unstrukturierten Datenformen wie Bildern, Audio und Text umgehen und differenzierte Einblicke in menschliches Verhalten und Marktbewegungen liefern. Solche Erkenntnisse bleiben für herkömmliche Analysen normalerweise unsichtbar.

Während die Technologie weiter ausgereift ist und an Bedeutung gewinnt, werden wir wahrscheinlich einen

Anstieg des Einsatzes von Deep Learning und neuronalen Netzen erleben, um umfassende, kontextspezifische Erkenntnisse zu liefern und so den Prozess der Datendemokratisierung zu beschleunigen.

Datensicherheit und KI

Mit der wachsenden Bedeutung der Datenerfassung und -zugänglichkeit nehmen auch Bedenken hinsichtlich der Datensicherheit und des Datenschutzes zu. Daher wird die Zukunft der Datendemokratisierung von revolutionären Fortschritten bei Datensicherheitsprotokollen geprägt sein, für die die KI von zentraler Bedeutung ist.

Künstliche Intelligenz kann komplexe Muster entschlüsseln und Anomalien oder Verstöße erkennen, die sonst schwer zu erkennen wären. Eine Kombination aus KI und ML kann vorausschauende Wartung und Echtzeit-Warnsysteme bieten und Datenmanagern helfen, mögliche Bedrohungen schnell zu erkennen und zu bekämpfen. Dies ist erst der Anfang davon, wie KI den Datenschutz revolutionieren kann, indem sie eine entscheidende Rolle bei der Sicherung von Daten bei gleichzeitiger Erweiterung ihrer Zugänglichkeit spielt – und damit letztendlich die Grenzen der Datendemokratisierung überschreitet.

Zusammenfassend lässt sich sagen, dass die Nutzung der Leistungsfähigkeit von KI und maschinellem Lernen den Bereich der Datendemokratisierung grundlegend verändern wird. Die Fortschritte und neuen Entwicklungen dieser Technologien werden Daten für ein breiteres Publikum zugänglicher, umsetzbarer und aussagekräftiger machen und so den Entscheidungsprozess in allen Organisationen verändern.

Haftungsausschluss für Urheberrechte und Inhalte:

Haftungsausschluss für KI-gestützte Inhalte:
Der Inhalt dieses Buches wurde mit Hilfe von Sprachmodellen der künstlichen Intelligenz (KI) wie CHatGPT und Llama generiert. Obwohl Anstrengungen unternommen wurden, um die Richtigkeit und Relevanz der bereitgestellten Informationen sicherzustellen, geben Autor und Herausgeber keine Gewährleistungen oder Garantien hinsichtlich der Vollständigkeit, Zuverlässigkeit oder Eignung des Inhalts für einen bestimmten Zweck. Die von der KI generierten Inhalte können Fehler, Ungenauigkeiten oder veraltete Informationen enthalten, und Leser sollten Vorsicht walten lassen und alle Informationen unabhängig überprüfen, bevor sie sich darauf verlassen. Der Autor und Herausgeber übernimmt keine Verantwortung für etwaige Folgen, die sich aus der Nutzung oder dem Vertrauen auf die KI-generierten Inhalte in diesem Buch ergeben.

Allgemeiner Haftungsausschluss:
Für die Erstellung dieses Buches verwenden wir Tools zur Inhaltsgenerierung und beziehen einen großen Teil des Materials aus Tools zur Textgenerierung. Wir stellen Finanzmaterial und Daten über unsere Dienste zur Verfügung. Um dies zu erreichen, greifen wir auf eine Vielzahl von Quellen zurück, um diese Informationen zu sammeln. Wir glauben, dass es sich dabei um zuverlässige, glaubwürdige und genaue Quellen handelt. Es kann jedoch vorkommen, dass die Informationen falsch sind.
WIR MACHEN KEINEN ANSPRUCH ODER ZUSICHERUNGEN HINSICHTLICH DER RICHTIGKEIT, VOLLSTÄNDIGKEIT ODER WAHRHEIT DER IN UNSEREM Buch ENTHALTENEN MATERIALIEN. Wir haften auch nicht für etwaige Fehler,

Ungenauigkeiten oder Auslassungen und schließen ausdrücklich jegliche stillschweigende Gewährleistung der Marktgängigkeit oder der Eignung für einen bestimmten Zweck aus. Wir haften in keinem Fall für entgangenen Gewinn oder andere kommerzielle Schäden oder Sachschäden, einschließlich, aber nicht beschränkt auf AUF BESONDERE, ZUFÄLLIGE, FOLGESCHÄDEN ODER ANDERE SCHÄDEN; ODER FÜR VERZÖGERUNGEN BEIM INHALT ODER DER ÜBERTRAGUNG DER DATEN IN UNSEREM BUCH ODER DASS DAS BUCH IMMER VERFÜGBAR IST.

Darüber hinaus ist es wichtig zu beachten, dass Sprachmodelle wie ChatGPT auf Deep-Learning-Techniken basieren und auf riesigen Textdatenmengen trainiert wurden, um menschenähnlichen Text zu generieren. Diese Textdaten umfassen eine Vielzahl von Quellen wie Bücher, Artikel, Websites und vieles mehr. Dieser Trainingsprozess ermöglicht es dem Modell, Muster und Beziehungen innerhalb des Textes zu lernen und kohärente und kontextbezogene Ausgaben zu generieren.

Sprachmodelle wie ChatGPT können in einer Vielzahl von Anwendungen verwendet werden, einschließlich, aber nicht beschränkt auf, Kundenservice, Inhaltserstellung und Sprachübersetzung. Im Kundenservice beispielsweise können Sprachmodelle eingesetzt werden, um Kundenanfragen schnell und präzise zu beantworten, wodurch menschliche Agenten für die Bearbeitung komplexerer Aufgaben entlastet werden. Bei der Inhaltserstellung können Sprachmodelle zum Generieren von Artikeln, Zusammenfassungen und Bildunterschriften verwendet werden, was den Erstellern von Inhalten Zeit und Aufwand spart. Bei der Sprachübersetzung können Sprachmodelle dabei helfen, Texte mit hoher Genauigkeit von einer Sprache in eine andere zu übersetzen und so dabei helfen, Sprachbarrieren abzubauen.

Es ist jedoch wichtig zu bedenken, dass Sprachmodelle zwar
große Fortschritte bei der Generierung menschenähnlicher
Texte gemacht haben, sie jedoch nicht perfekt sind. Das
Verständnis des Modells für den Kontext und die Bedeutung
des Textes unterliegt immer noch Einschränkungen und kann
zu falschen oder anstößigen Ergebnissen führen. Daher ist es
wichtig, Sprachmodelle mit Vorsicht zu verwenden und stets
die Genauigkeit der vom Modell generierten Ausgaben zu
überprüfen.

Finanzielle Haftungsausschluss

Dieses Buch soll Ihnen helfen, die Welt des Online-Investierens
zu verstehen, Ihre Ängste vor dem Einstieg zu beseitigen und
Ihnen bei der Auswahl guter Investitionen zu helfen. Unser Ziel
ist es, Ihnen dabei zu helfen, die Kontrolle über Ihr finanzielles
Wohlergehen zu übernehmen, indem wir Ihnen eine solide
Finanzausbildung und verantwortungsvolle Anlagestrategien
bieten. Die in diesem Buch und in unseren Diensten
enthaltenen Informationen dienen jedoch nur der allgemeinen
Information und Bildungszwecken. Es ist nicht als Ersatz für
eine rechtliche, kommerzielle und/oder finanzielle Beratung
durch einen zugelassenen Fachmann gedacht. Das Geschäft mit
Online-Investitionen ist eine komplizierte Angelegenheit, die
für den Erfolg jeder Investition eine sorgfältige finanzielle Due
Diligence erfordert. Es wird Ihnen dringend empfohlen, die
Dienste qualifizierter und kompetenter Fachleute in Anspruch
zu nehmen, bevor Sie eine Investition tätigen, die sich auf Ihre
Finanzen auswirken könnte. Diese Informationen werden in
diesem Buch bereitgestellt, einschließlich der Art und Weise,
wie es erstellt wurde, und werden zusammenfassend als
„Dienste" bezeichnet.

Seien Sie vorsichtig mit Ihrem Geld. Verwenden Sie nur
Strategien, bei denen Sie beide die potenziellen Risiken
verstehen und mit denen Sie sich wohlfühlen. Es liegt in Ihrer

Verantwortung, klug zu investieren und Ihre persönlichen und finanziellen Daten zu schützen.

Wir glauben, dass wir eine großartige Gemeinschaft von Anlegern haben, die durch Investitionen finanziellen Erfolg erzielen und sich gegenseitig dabei helfen möchten. Dementsprechend ermutigen wir die Leute, in unserem Blog und möglicherweise in Zukunft auch in unserem Forum Kommentare abzugeben. Viele Menschen werden zu diesem Thema beitragen, es wird jedoch Zeiten geben, in denen Menschen unbeabsichtigt oder unabsichtlich irreführende, täuschende oder falsche Informationen bereitstellen.

Sie sollten sich NIEMALS auf Informationen oder Meinungen verlassen, die Sie zu diesem Buch oder einem Buch, auf das wir verlinken, lesen. Die Informationen, die Sie hier und in unseren Dienstleistungen lesen, sollten als Ausgangspunkt für Ihre EIGENE RECHERCHE zu verschiedenen Unternehmen und Anlagestrategien dienen, damit Sie eine fundierte Entscheidung darüber treffen können, wo und wie Sie Ihr Geld investieren.

WIR GARANTIEREN NICHT DIE RICHTIGKEIT, ZUVERLÄSSIGKEIT ODER VOLLSTÄNDIGKEIT DER IN DEN KOMMENTAREN, IM FORUM ODER IN ANDEREN ÖFFENTLICHEN BEREICHEN DES BUCHS ODER IN EINEM IN UNSEREM BUCH ERSCHEINENDEN HYPERLINK BEREITGESTELLTEN INFORMATIONEN.

Unsere Dienstleistungen sollen Ihnen dabei helfen, zu verstehen, wie Sie für sich selbst gute Investitions- und persönliche Finanzentscheidungen treffen können. Sie tragen die alleinige Verantwortung für die von Ihnen getroffenen Anlageentscheidungen. Wir übernehmen keine Verantwortung für Fehler oder Auslassungen im Buch, auch nicht in Artikeln oder Beiträgen, für in Nachrichten eingebettete Hyperlinks oder für Ergebnisse, die sich aus der Verwendung solcher Informationen ergeben. Wir haften auch nicht für Verluste oder Schäden, einschließlich etwaiger Folgeschäden, die dadurch entstehen, dass sich ein Leser auf Informationen verlässt, die er durch die Nutzung unserer Dienste erhält. Bitte nutzen Sie unser Buch nicht, wenn Sie keine Selbstverantwortung für Ihr Handeln übernehmen.

Die US-Börsenaufsicht SEC (Securities and Exchange Commission) hat zusätzliche Informationen zum Thema Cyberbetrug veröffentlicht, die Ihnen helfen sollen, ihn zu erkennen und wirksam zu bekämpfen. Weitere Hilfe zu Online-Investitionsprogrammen und deren Vermeidung erhalten Sie auch in den folgenden Büchern: http://www.sec.gov und http://www.finra.org sowie http://www.nasaa.org Hierbei handelt es sich jeweils um Organisationen, die zum Schutz von Online-Investoren gegründet wurden.

Wenn Sie unsere Ratschläge ignorieren und keine unabhängige Recherche zu den verschiedenen Branchen, Unternehmen und Aktien durchführen, beabsichtigen Sie, in Informationen, „Tipps" oder Meinungen aus unserem Buch zu investieren und sich ausschließlich auf diese zu verlassen – Sie stimmen zu, dass Sie dies getan haben Sie treffen eine bewusste, persönliche Entscheidung aus Ihrem eigenen freien Willen und werden unter keinen Umständen versuchen, uns für die daraus resultierenden Ergebnisse verantwortlich zu machen. Die hier angebotenen Dienstleistungen dienen nicht dazu, als Ihr persönlicher Anlageberater zu fungieren. Wir kennen nicht alle relevanten Fakten über Sie und/oder Ihre individuellen Bedürfnisse und wir behaupten nicht, dass unsere Dienste für Ihre Bedürfnisse geeignet sind. Wenn Sie eine persönliche Beratung wünschen, sollten Sie einen registrierten Anlageberater aufsuchen.

Links zu anderen Websites. Von Zeit zu Zeit können Sie über unsere Website auch auf andere Bücher verlinken. Wir haben keine Kontrolle über den Inhalt oder die Handlungen der Bücher, auf die wir verlinken, und haften nicht für alles, was im Zusammenhang mit der Nutzung dieser Bücher geschieht. Die Aufnahme von Links sollte, sofern nicht ausdrücklich anders angegeben, nicht als Befürwortung oder Empfehlung dieses Buches oder der darin geäußerten Ansichten angesehen werden. Sie, und nur Sie, sind dafür verantwortlich, jedes Buch sorgfältig zu prüfen, bevor Sie Geschäfte mit ihnen tätigen.

Haftungsausschlüsse und -beschränkungen: Unter keinen Umständen, einschließlich, aber nicht beschränkt auf Fahrlässigkeit, können wir oder unsere Partner (sofern vorhanden) oder eines unserer verbundenen Unternehmen direkt oder indirekt für Verluste oder Schäden jeglicher Art verantwortlich oder haftbar gemacht werden von oder im Zusammenhang mit der Nutzung unserer Dienste, einschließlich, aber nicht beschränkt auf direkte, indirekte, Folgeschäden, unerwartete, besondere, exemplarische oder andere Schäden, die daraus resultieren können, einschließlich, aber nicht beschränkt auf wirtschaftliche Verluste, Verletzungen, Krankheit oder Tod oder ähnliches andere Arten von Verlusten oder Schäden oder unerwartete oder negative Reaktionen auf hierin enthaltene Vorschläge oder auf andere Weise, die Ihnen im Zusammenhang mit Ihrer Nutzung von Ratschlägen, Waren oder Dienstleistungen, die Sie auf der Website erhalten, unabhängig von der Quelle verursacht oder angeblich entstanden sind, oder jedes andere Buch, das Sie möglicherweise über Links von unserem Buch aus besucht haben, auch wenn Sie auf die Möglichkeit solcher Schäden hingewiesen wurden.

Das geltende Recht erlaubt möglicherweise keine Beschränkung oder einen Ausschluss der Haftung oder von

Neben- oder Folgeschäden (einschließlich, aber nicht beschränkt auf verlorene Daten), sodass die oben genannte Einschränkung oder der Ausschluss möglicherweise nicht auf Sie zutrifft. Allerdings übersteigt die Gesamthaftung von uns Ihnen gegenüber für alle Schäden, Verluste und Klagegründe (sei es aus Vertrag, unerlaubter Handlung oder anderweitig) in keinem Fall den Betrag, den Sie uns gegebenenfalls für die Nutzung unserer Dienste gezahlt haben Dienstleistungen, falls vorhanden. Und durch die Nutzung unserer Website erklären Sie sich ausdrücklich damit einverstanden, uns nicht für Konsequenzen haftbar zu machen, die sich aus Ihrer Nutzung unserer Dienste oder der darin bereitgestellten Informationen zu irgendeinem Zeitpunkt oder aus irgendeinem Grund ergeben, unabhängig von den Umständen.

Haftungsausschluss für spezifische Ergebnisse. Unser Ziel ist es, Ihnen durch Bildung und Investitionen dabei zu helfen, die Kontrolle über Ihr finanzielles Wohlergehen zu erlangen. Wir bieten Strategien, Meinungen, Ressourcen und andere Dienstleistungen, die speziell darauf ausgelegt sind, den Lärm und den Hype zu durchbrechen und Ihnen dabei zu helfen, bessere persönliche Finanz- und Anlageentscheidungen zu treffen. Es gibt jedoch keine Garantie dafür, dass eine Strategie oder Technik zu 100 % wirksam ist, da die Ergebnisse von Person zu Person sowie von der Anstrengung und dem Engagement, die sie zur Erreichung ihres Ziels unternehmen, unterschiedlich sein können. Und leider kennen wir Sie nicht. Daher erklären Sie sich mit der Nutzung und/oder dem Kauf unserer Dienste ausdrücklich damit einverstanden, dass die Ergebnisse, die Sie durch die Nutzung dieser Dienste erhalten, ausschließlich Ihnen überlassen sind. Darüber hinaus erklären Sie sich ausdrücklich damit einverstanden, dass sämtliche Risiken der Nutzung und etwaige Folgen einer solchen Nutzung ausschließlich bei Ihnen liegen. Und dass Sie zu keinem

Zeitpunkt oder aus irgendeinem Grund versuchen werden, uns haftbar zu machen, unabhängig von den Umständen.

Gemäß den gesetzlichen Bestimmungen können und werden wir keine Garantie dafür geben, dass Sie durch die Nutzung der über unser Buch erworbenen Dienste bestimmte Ergebnisse erzielen können. Nichts auf dieser Seite, unserem Buch oder einer unserer Dienstleistungen ist ein Versprechen oder eine Garantie für Ergebnisse, einschließlich der Tatsache, dass Sie einen bestimmten Geldbetrag oder überhaupt Geld verdienen werden. Sie verstehen auch, dass alle Investitionen mit einem gewissen Risiko verbunden sind Sie können beim Investieren tatsächlich Geld verlieren. Dementsprechend dienen alle in unserem Buch genannten Ergebnisse in Form von Erfahrungsberichten, Fallstudien oder auf andere Weise lediglich zur Veranschaulichung von Konzepten und sollten nicht als Durchschnittsergebnisse oder Versprechen für tatsächliche oder zukünftige Leistungen betrachtet werden.

bestimmte Ergebnisse oder Resultate aus der Verwendung der hier besprochenen Strategien und Techniken.

Erfahrungsberichte und Beispiele: Alle in diesem Buch präsentierten Erfahrungsberichte, Fallstudien oder Beispiele dienen nur der Veranschaulichung und garantieren nicht, dass die Leser ähnliche Ergebnisse erzielen. Der individuelle Erfolg beim Trading hängt von verschiedenen Faktoren ab, darunter der persönlichen finanziellen Situation, der Risikotoleranz und der Fähigkeit, die besprochenen Strategien und Techniken konsequent anzuwenden.

Urheberrechtshinweis: Alle Rechte vorbehalten. Kein Teil dieser Veröffentlichung darf ohne die vorherige schriftliche Genehmigung des Herausgebers in irgendeiner Form oder mit irgendwelchen Mitteln, einschließlich Fotokopie, Aufzeichnung oder anderen elektronischen oder mechanischen Methoden, reproduziert, verbreitet oder übertragen werden, außer im Fall kurzer Zitate in kritischen Rezensionen und bestimmten anderen nichtkommerziellen Nutzungen, die durch das Urheberrecht zulässig sind.

Marken: Alle in diesem Buch erwähnten Produktnamen, Logos und Marken sind Eigentum ihrer jeweiligen Inhaber. Die Verwendung dieser Namen, Logos und Marken bedeutet keine Billigung oder Zugehörigkeit zu den jeweiligen Eigentümern.